AF634010

Giorgio Motta

EIN TOLLES TEAM A1.1

Deutsch für Jugendliche
Deutsch als Fremdsprache

KURSBUCH
PLUS INTERAKTIVE VERSION

HUEBER VERLAG

Der Verlag weist ausdrücklich darauf hin, dass im Text enthaltene externe Links vom Verlag nur bis zum Zeitpunkt der Buchveröffentlichung eingesehen werden konnten. Auf spätere Veränderungen hat der Verlag keinerlei Einfluss. Eine Haftung des Verlags ist daher ausgeschlossen.

Das Werk und seine Teile sind urheberrechtlich geschützt. Jede Verwertung in anderen als den gesetzlich zugelassenen Fällen bedarf deshalb der vorherigen schriftlichen Einwilligung des Verlags.

Eingetragene Warenzeichen oder Marken sind Eigentum des jeweiligen Zeichen- bzw. Markeninhabers, auch dann, wenn diese nicht gekennzeichnet sind. Es ist jedoch zu beachten, dass weder das Vorhandensein noch das Fehlen derartiger Kennzeichnungen die Rechtslage hinsichtlich dieser gewerblichen Schutzrechte berührt.

3. 2. 1. | Die letzten Ziffern
2027 26 25 24 23 | bezeichnen Zahl und Jahr des Druckes.
Alle Drucke dieser Auflage können, da unverändert, nebeneinander benutzt werden.
1. Auflage
© Original Work: "Linear" by Giorgio Motta, Published by Loescher Editore, 2020, All rights reserved.
© International Edition: 2023 Hueber Verlag GmbH & Co. KG, München, Deutschland
Umschlaggestaltung: Sieveking · Agentur für Kommunikation, München
Layout und Satz: Sieveking · Agentur für Kommunikation, München
Verlagsredaktion: Helga Aichele, Hans Hillreiner, Annette Wierl-Albrecht, Hueber Verlag, München
Druck und Bindung: Passavia Druckservice GmbH & Co. KG, Passau
Printed in Germany
ISBN 978-3-19-001810-9

Art. 530_28365_001_01

Wegweiser

LEKTIONEN

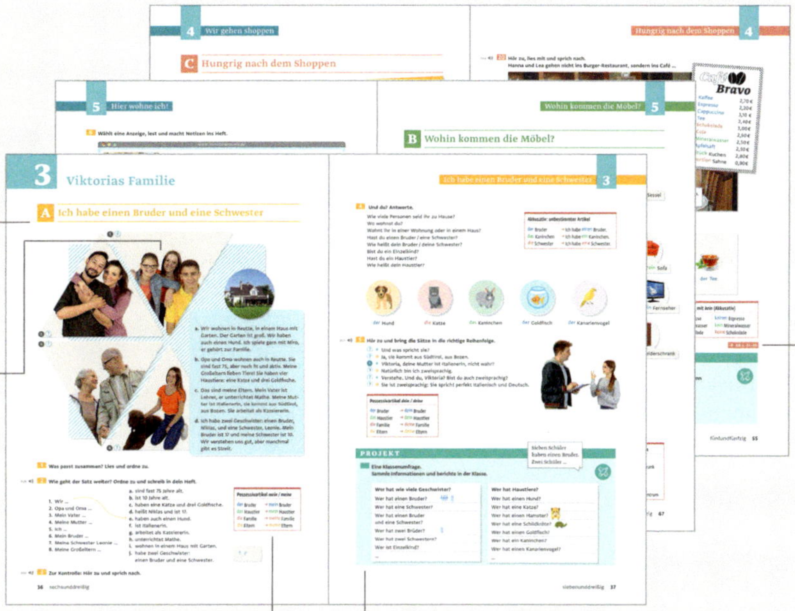

A-, B- und C-Seiten
Jede der fünf Lektionen hat einen **motivierenden thematischen Rahmen** und ist in die **Abschnitte A, B und C** unterteilt. In diesen Abschnitten wird der neue Lernstoff eingeführt und eingeübt.

Die Protagonisten
Die **jugendlichen Protagonistinnen und Protagonisten** begleiten die Lernenden durch die Lektionen. **Alltagsnahe Themen und Geschichten** wecken Neugier und schaffen Erfolgserlebnisse.

Grammatik- und Redemittelkästen
Die **Hinweise zur Grammatik und zu Redemitteln** fassen die neuen Inhalte übersichtlich und anschaulich zusammen.

Projekt
In den **Projekten** kann das Gelernte sofort kreativ umgesetzt werden.

Verweis auf Arbeitsbuch
Passende Übungen finden Sie im Arbeitsbuch auf den angegebenen Seiten.

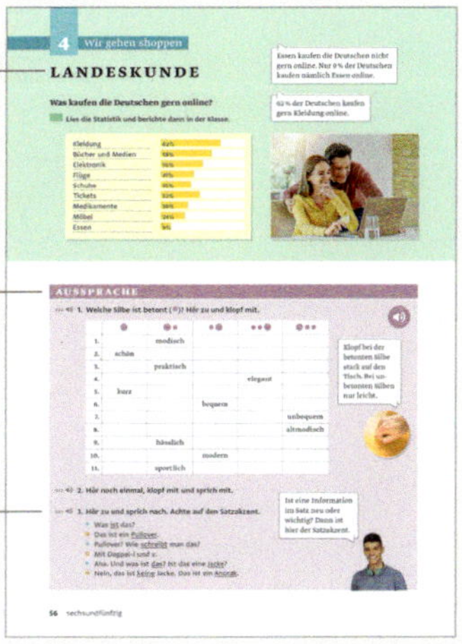

Landeskunde
Diese Rubrik bietet interessante Informationen und abwechslungsreiche Übungen zum **Alltag in Deutschland, Österreich und der Schweiz.**

Aussprache
Übungen zur **Aussprache und Betonung** auf Wort- und Satzebene.

Hörverweis
Das Audio-Pikto mit der angegebenen Tracknummer verweist auf den Hörtext zu dieser Aufgabe.

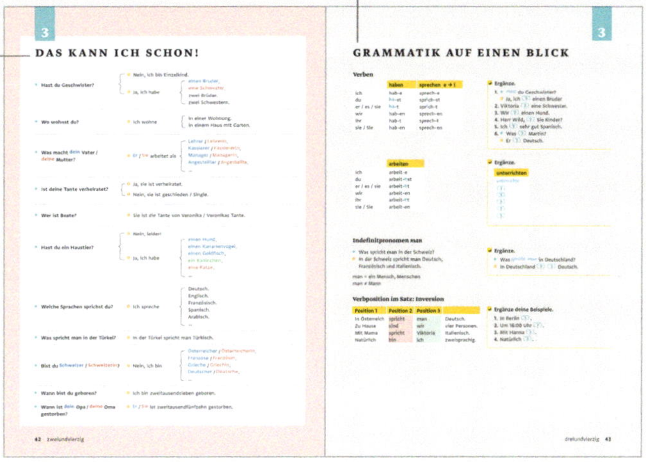

Das kann ich schon
Wortschatz und Redemittel werden kompakt und übersichtlich dargestellt.

Grammatik auf einen Blick
Die Grammatikübersicht am Lektionsende bietet eine **Zusammenfassung der neuen Strukturen.** Dazu gibt es eine **Übung** zu jeder neuen Struktur.

Wegweiser

Training

Im **Fertigkeitentraining** werden die rezeptiven und produktiven Fertigkeiten trainiert und erweitert. Das dient auch der Prüfungsvorbereitung.

Videos

Die Lektion schließt mit einem **Film** ab, der ein Alltagsthema passend zur Lektion präsentiert und vertieft.

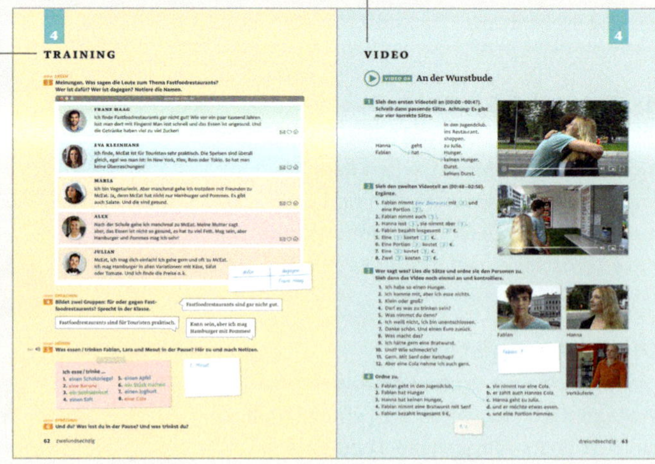
TRAINING

VIDEO

An der Wurstbude

ANHANG

Grammatikübersicht

Übersichtliche Zusammenfassung der wichtigsten grammatischen Strukturen.

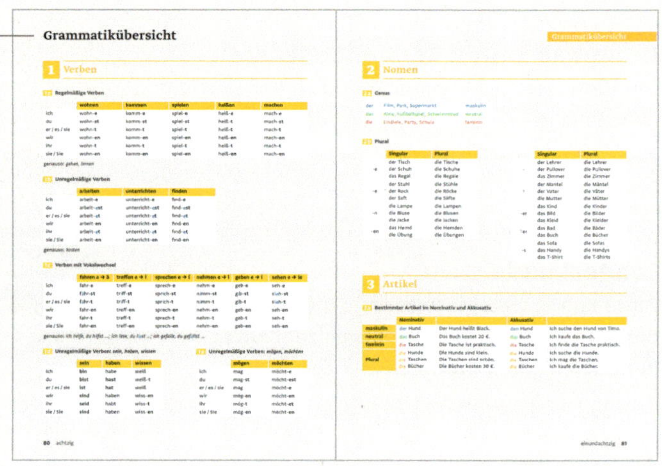
Grammatikübersicht

1 Verben

2 Nomen

3 Artikel

UNTERRICHTEN UND LERNEN WIE UND WO MAN WILL

EIN TOLLES TEAM – digital als interaktive Version online und offline

- Alle digitalen Elemente kann man direkt mit dem integrierten Player abspielen: Hörtexte, Filme, interaktive Übungen.
- Die Aufgaben im Buch stehen interaktiv mit Lösungsanzeige zur Verfügung.
- Mit der *Hueber interaktiv App* kann man die interaktive Version auch offline nutzen und auf viele Materialien des Lehrwerks mit dem Smartphone zugreifen.
- Werkzeuge wie Marker, Kommentar, Lupe und Vollbildmodus sind integriert und helfen beim Lernen in der Klasse und zu Hause.

Der Startcode für die interaktive Version steht auf der vorderen Umschlagseite unter der Landkarte.

Inhalt

Inhalt

3 Viktorias Familie 36

4 Wir gehen shoppen 50

Inhalt

1 Kontakte

A Internationaler Jugendtreff

001 **1** **Was sagen Hanna, Julian, Sami, Luca, Justine, Martin und Mirko? Hör zu, lies mit und ergänze dann.**

Hallo!	*Ich heiße ...*	*Ich komme aus ...*
Grüß dich!		

2 **Macht eine Kettenübung.**

1. ◆ Ich heiße Paula. Wie heißt du? → ○ Ich heiße Marco. Wie heißt du? → ...
2. ◆ Ich bin Andreas. Wer bist du? → ○ Ich bin Alice. Wer bist du? → ...
3. ◆ Heißt du Laura? { ○ Ja, ich heiße Laura. Und du? Heißt du ... / ○ Nein, ich heiße Marta. Und du? Heißt du ... }

Wie heißt du? → Ich heiße ...
◆ Wer bist du? →
○ Ich bin ...
◆ Wie ist dein Name? →
○ Mein Name ist ...
◆ Heißt du ...? →
○ Ja / Nein, ich heiße ... .

3 **Woher kommen die Jugendlichen? Spielt Dialoge wie im Beispiel.**

1 Luca

2 Sami

3 Mirko

4 Viktoria

5 Martin

6 Justine

kommt aus

Österreich

Frankreich

Deutschland

der Schweiz

Italien

der Türkei

Woher kommt Luca?

Luca kommt aus Italien.

4 **Spielt Dialoge.**

- Hanna, woher kommst du?
- Ich komme aus Deutschland, aus München.

1. Luca – Italien – Monza
2. Sami – Türkei – Istanbul
3. Justine – Frankreich – Paris
4. Viktoria – Österreich – Reutte
5. Martin – Deutschland – Hamburg
6. Mirko – Schweiz – Bern

Woher kommst du? → aus ...
aus Italien, aus Deutschland ...
aus **der** Türkei, aus **der** Schweiz ...
aus Hamburg, aus München ...

	kommen
ich	komm-**e**
du	komm-**st**
er / sie	komm-**t**

PROJEKT

VIP-Memo. Such die Länder von 3 VIPs und schreib sie auf Karten. Spielt ein Memo-Spiel.

Philippe Coutinho

Brasilien

Saoirse Ronan

Irland

Ed Sheeran

England

5 **Macht eine Kettenübung.**

Frankreich | Österreich | Deutschland | Spanien | Türkei | Italien | Brasilien | Irland | Großbritannien

- ◆ Woher kommst du? →
- ○ Ich komme aus Spanien. Und woher kommst du? →
- ▲ Ich komme aus ...

6 **Spielt Dialoge wie im Beispiel.**

🙂 Sehr gut! – Gut.
😐 Es geht. – Nicht schlecht.
🙁 Nicht so gut. – Schlecht.

→ AB S. 6–9

B Zahlen

002 🔊 **7** **Hör zu und sprich nach.**

0	1	2	3	4	5	6	7	8	9	10
null	eins	zwei	drei	vier	fünf	sechs	sieben	acht	neun	zehn

11	12	13	14	15	16	17	18	19	20
elf	zwölf	dreizehn	vierzehn	fünfzehn	sechzehn	siebzehn	achtzehn	neunzehn	zwanzig

003 🔊 **8** **Welche Zahlen zwischen 1 und 20 hörst du? Schreib in dein Heft. Pro Spiel hörst du 5 Zahlen.**

Spiel 1:	2 ? ? ? ?
Spiel 2:	? ? ? ? ?
Spiel 3:	? ? ? ? ?

Zahlen

15
fünfzehn

⚠ sechszehn → sechzehn
siebenzehn → siebzehn

9 **Ergänze die Zahlen.**

21	=	einundzwanzig
22	=	zweiundzwanzig
23	=	*dreiundzwanzig*
29	=	?
30	=	dreißig
35	=	?
37	=	?
40	=	vierzig
48	=	?
50	=	fünfzig
59	=	?
60	=	?
70	=	siebzig
80	=	?
90	=	?
99	=	?
100	=	einhundert
110	=	einhundertzehn
200	=	?
250	=	?
1000	=	eintausend
2000	=	?

004 **10** **Zur Kontrolle: Hör zu und sprich nach.**

005 **11** **Hör zu und sprich nach.**

12 **Macht eine Kettenübung.**

- Elena, wie ist deine Handynummer? →
- Meine Handynummer ist ...

13 **Wie ist die Handynummer von ...? Antworte.**

Sami: 0167/3478661   Martin: 0165/5512345   Lilly: 0166/8187228

David: 0167/6043144   Svenja: 0166/2290916   Julian: 0165/3793184

006 **14** **Hör den Dialog und lies mit. Spielt dann Dialoge wie im Beispiel.**

- Wie alt bist du?
- Ich bin ... (Jahre alt).

15 Spielt Dialoge.

Herr Böhm	Frau Weber	Frau Lang	Herr Meier	Frau Stein	Herr Fischer
38	26	45	52	33	64

1. ◆ Wie alt ist Frau Lang?
   ○ Frau Lang ist 45 Jahre alt.

2. ◆ Wer ist 52 Jahre alt?
   ○ Herr Meier ist 52 Jahre alt.

007 🔊 **16** Hör zu. Was ist richtig?

1. Wie ist die Handynummer von Julia? (?) 0166/44 50 961 (x) 0166/14 15 971 — Die Handynummer von Julia ist ...
2. Wie ist die Adresse von Tabea? (?) Adenauerstraße 37 (?) Adenauerstraße 73 — Tabea wohnt in der Adenauerstraße Nr. ...
3. Wie lange dauert die Pause? (?) 15 Minuten (?) 10 Minuten — Die Pause dauert ...
4. Was kostet das Handy von Mesut? (?) 150 € (?) 115 € — Das Handy von Mesut kostet ...
5. Wie alt ist Herr Schröder? (?) 40 (?) 44 — Herr Schröder ist ... Jahre alt.

008 🔊 **17** Im Hotel. Welche Zimmernummer hat ... ? Hör zu und schreib die Zahlen in dein Heft.

133 | 340 | 78 | ~~201~~ | 174

Herr Fischer	?
Frau Lang	201
Herr Böhm	?
Frau Stein	?
Frau Weber	?

→ AB S. 9-11

C Freunde

18 **Lies die Texte und ergänze die Tabelle.**

Martin Hansen

ist 14 Jahre alt und wohnt in Hamburg. Er besucht das Goethe-Gymnasium. Martin spielt in der Freizeit Fußball und er hört gern Musik. Er mag Rap und Klassik. Er möchte Fußballspieler werden.

Justine Dupont

wohnt in Paris. Sie ist 15 Jahre alt. Sie lernt Deutsch in der Schule. Sie mag Deutsch. Justine spielt in der Freizeit Gitarre. Sie möchte Deutschlehrerin werden oder Musikerin.

Luca Colombo

wohnt in Monza. Das liegt bei Mailand. Er ist 16. Luca chattet gern und surft im Internet. Er mag Videogames. Er möchte gern Informatiker werden.

Viktoria Putzer

ist 15 und wohnt in Reutte. Das liegt in Österreich, in der Nähe von Innsbruck. Sie ist sehr sportlich, sie mag Sport. Sie joggt in der Freizeit oder sie fährt Rad. Im Winter fährt sie gern Ski. Sie möchte Skifahrerin oder Sportlehrerin werden.

Vorname:	Martin	Justine	Luca	Viktoria
Familienname:	*Hansen*	?	?	?
Wohnort:	*Hamburg*	?	?	?
Alter:	?	?	?	?
Hobbys:	?	?	?	?
Traumberuf:	?	?	?	?

19 **Stell Martin, Justine, Luca oder Viktoria vor.**

Wer ist das?
Wie alt ist er / sie?
Wo wohnt er / sie?
Was macht er / sie in der Freizeit?
Was mag er / sie?
Was möchte er / sie werden?

Wo wohnt er? → in ...
in Italien, in Deutschland ...
in **der** Türkei, in **der** Schweiz ...
in Hamburg, in Monza ...

	wohnen
ich	wohn-**e**
du	wohn-**st**
er / sie	wohn-**t**

20 **Und das bin ich! Stell dich vor.**

Ich heiße ...
Ich bin ... Jahre alt.
Ich komme aus ...
Ich wohne in ...
Ich mag ...
Ich spiele ...
Ich möchte gern ... werden.
Meine Handynummer ist ...

009 **21** **Das Alphabet: Hör zu und sprich nach.**

A Be Ce De E eF Ge Ha I Jot Ka eL eM eN O Pe

Qu eR eS Te U Vau We iX Ypsilon Zet Ä Ö Ü ß

22 **Spielt Dialoge.**

- Wo wohnst du?
- Ich wohne in Freising.
- Wo bitte? Buchstabiere!
- F, R, E, I, S, I, N, G.

1. Schwerin
2. Friedrichshafen
3. Garmisch
4. Hannover
5. Würzburg

23 **Sieh das Foto an. Was machen die Freunde? Lies den Dialog.**

→ AB S. 11-15

AUSSPRACHE

010 **1. Hör zu und sprich nach.**

Hallo | Hanna | Hamburg | heiße | Handy | hören

011 **2. Was hörst du? Kreuze an.**

1. ⊗ Hanna ? Anna
2. ? Haus ? aus
3. ? Hund ? und
4. ? Herr ? er
5. ? Heinz ? eins

012 **3. Hör zu und sprich nach.**

ch: ich, dich, München, möchte
ig: zwanzig, dreißig, vierzig, fünfzig
k: kommen, Karen, Musik, Kontakte

ich – zwanzig: Was merkst du?

013 **4. Hör zu und sprich nach. Achte auf die Satzmelodie.**

- Wie heißt du? ↘
- Ich heiße Hanna. ↘ Und du? ↗
- Ich heiße Sami. ↘

- Hallo. ↘
- Hallo, Mia. ↘ Wo wohnst du? ↘
- Ich wohne in Erfurt. ↘ Und wo wohnst du? ↗

DAS KANN ICH SCHON!

◆ Hallo!	○ Grüß dich! / Hallo! / Tag!
◆ Wie heißt du?	○ Ich heiße Hanna.
◆ Wer bist du?	○ Ich bin Hanna.
◆ Wie ist dein Name?	○ Mein Name ist Hanna.
◆ Heißt du Janine?	○ Ja, ich heiße Janine. / Nein, ich heiße Justine.
◆ Tschüs!	○ Mach's gut! / Auf Wiedersehen. / Bis dann!
◆ Wie alt bist du?	○ Ich bin 14 (Jahre alt).
◆ Wie ist deine Handynummer?	○ Meine Handynummer ist 0167/2388369.
◆ Wie geht's dir?	○ Gut, danke! / Es geht. / Nicht so gut. / Schlecht.
◆ Woher kommst du?	○ Ich komme aus Deutschland / aus der Schweiz ...
◆ Wo wohnst du?	○ Ich wohne in Hamburg / in Bern ...
◆ Wo liegt Reutte?	○ Reutte liegt in Österreich, in der Nähe von Innsbruck.
◆ Was machst du in der Freizeit?	○ Ich { spiele Fußball / Videogames / Gitarre. höre Musik. chatte. surfe im Internet. fahre Rad / Ski.
◆ Was magst du?	○ Ich mag { Rap und Klassik. Videogames. Deutsch. Sport.
◆ Was möchtest du werden?	○ Ich möchte { Fußballspieler / Fußballspielerin Musiker / Musikerin Skifahrer / Skifahrerin Informatiker / Informatikerin Sportlehrer / Sportlehrerin } werden.

LANDESKUNDE

Ein bisschen Geografie

Spielt Dialoge.

1. ◆ Wo liegt Zürich?
   ○ Zürich liegt in der Schweiz.
2. ◆ Liegt Frankfurt in Deutschland?
   ○ Ja, Frankfurt liegt in Deutschland.
3. ◆ Liegt Salzburg in der Schweiz?
   ○ Nein, Salzburg liegt in Österreich.

1

GRAMMATIK AUF EINEN BLICK

Verben

	wohnen	kommen	spielen
ich	wohn-e	komm-e	spiel-e
du	wohn-st	komm-st	spiel-st
er / sie	wohn-t	komm-t	spiel-t

Ergänze.

hören
ich höre
[?]
[?]

	sein
ich	bin
du	bist
er / sie	ist

Ergänze.

1. Wer *bist* du?
2. Ich [?] Markus.
3. Wie [?] die Adresse von Mouhamed?

	fahren a → ä
ich	fahr-e
du	fähr-st
er / sie	fähr-t

Sie **fährt** Rad.

Ergänze.

1. Viktoria *fährt* gern Ski.
2. Ich [?] in der Freizeit Rad.
3. [?] du Ski?

	heißen
ich	heiß-e
du	heiß-t
er / sie	heiß-t

Ergänze.

1. ◆ *Heißt* du Lara?
   ○ Nein, ich [?] Laura.
2. Wie [?] dein Vater?

	mögen
ich	mag
du	mag-st
er / sie	mag

Ergänze.

1. ◆ *Mag* Tina Beethoven?
   ○ Nein, sie [?] Pop und Rock.
2. Ich [?] Sport und Videogames.

Personalpronomen *er* und *sie*

Martin ist 14.
Er wohnt in Hamburg.

Viktoria ist 15.
Sie wohnt in Reutte.

Ergänze.

1. Herr Meier → *er*
2. Frau Stein → [?]
3. Fabian → [?]
4. Martha → [?]

Aussagesatz

Position 1	Position 2	
Ich	heiße	Sarah.
Luca	wohnt	in Monza.
Viktoria	ist	15 Jahre alt.

✔ Bring die Sätze in die richtige Reihenfolge.

1. heiße – Hanna – ich *Ich heiße Hanna*.
2. 14 Jahre alt – ist – Martin ?.
3. sie – sehr sportlich – ist ?.

Ja/Nein-Fragen

Position 1	Position 2	
Heißt	du	Julia?
Wohnt	Martin	in München?
Bist	du	14 Jahre alt?

✔ Schreib als Frage.

1. Martin spielt Fußball. *Spielt Martin Fußball*?
2. Viktoria wohnt in Reutte. ??
3. Justine mag Deutsch. ??
4. Luca kommt aus Monza. ??

Heißt du Laura?

Nein, ich heiße Julia. /
Ja, ich heiße Laura.

W-Fragen

Position 1	Position 2	
Wer	bist	du?
Wie	heißt	du?
Wo	wohnt	Mirko?
Woher	kommt	Luca?
Was	macht	Viktoria?

✔ Ergänze.

1. *Wie* ist deine Handynummer?
2. ? wohnst du?
3. ? machst du heute?
4. ? kommt Justine?
5. ? fährt Ski?

Wer? **W**ie? **W**as?
Wo? **W**oher?

Wie geht's?

- Wie geht's (dir)?
- (Mir geht's) gut, danke!

ich → mir
du → dir

Wie geht's dir?

Mir geht's gut.

1

GRAMMATIK AUF EINEN BLICK

Fragewörter *Wo?* / *Woher?* und Präpositionen *in* und *aus*

Wo? → in

◆ **Wo** wohnst du?
○ Ich wohne **in** Deutschland, **in** Hamburg.

◆ **Wo** wohnt Justine?
○ Sie wohnt **in** Frankreich, **in** Paris.

◆ **Wo** wohnt Mirko?
○ Er wohnt **in der** Schweiz, **in** Bern.

in Deutschland, **in** Frankreich, **in** Italien
⚠ **in der** Schweiz, **in der** Türkei

Woher? → aus

◆ **Woher** kommt Viktoria?
○ Sie kommt **aus** Österreich, **aus** Reutte.

◆ **Woher** kommt Luca?
○ Er kommt **aus** Italien, **aus** Monza.

◆ **Woher** kommt Sami?
○ Er kommt **aus der** Türkei, **aus** Istanbul.

aus Deutschland, **aus** Frankreich, **aus** Italien
⚠ **aus der** Schweiz, **aus der** Türkei

Wie heißt die Frage?

Wo wohnst du?	1. ◆	Ich wohne in Berlin.
?	2. ○	Mirko kommt aus der Schweiz.
?	3. ◘	Luca kommt aus Monza.
?	4. ▲	Martin wohnt in Hamburg.
?	5. ◆	Justine kommt aus Paris.

Zahlen

15
fünfzehn

⚠ 16 sechszehn → sechzehn
17 siebenzehn → siebzehn
21 einsundzwanzig → einundzwanzig

Schreib die Zahl.

1. 18 *achtzehn*
2. 23 ?
3. 11 ?
4. 354 ?
5. 1067 ?

→ AB S. 15–16

TRAINING

LESEN

1 **Markus und Tabea stellen sich im Forum des Internationalen Jugendtreffs vor. Lies die Texte und ergänze die Tabelle.**

www.jugendtreff-international.de

MARKUS

Hallo, ich heiße Markus Müller, bin 15 Jahre alt und wohne in Augsburg. Das liegt in der Nähe von München. Ich besuche die Klasse 10B. Meine Schule heißt Jakob-Fugger-Gymnasium. Wir sind 27 Schülerinnen und Schüler in der Klasse. In der Freizeit spiele ich Fußball in einer Mannschaft. Aber ich mag auch Musik. Ich spiele Gitarre in einer Band.

TABEA

Hallo! Ich bin Tabea Lach. Ich bin 14 Jahre alt und wohne in Lüneburg. Das liegt in der Nähe von Hamburg. Ich besuche die Klasse 9A. Meine Schule heißt Kopernikus-Schule. Ich bin sportlich, ich gehe regelmäßig mit Mama joggen. Und ich tanze sehr gern. Ich besuche einen Tanzkurs, ich möchte Tänzerin werden!

Name:	Wohnort:	Alter:	Schule:
Markus Müller	?	?	?
?	?	?	?

SPRECHEN

2 **Stell Markus und Tabea vor.**

Der Junge heißt Markus Müller. Er ist ...

Das Mädchen heißt Tabea Lach. Sie ist ...

SCHREIBEN

3 **Schreib einen kurzen Text wie in Aufgabe 1 über dich selbst.**

Hallo, Leute! Ich suche neue Freunde!
Ich ...

HÖREN

014 **4** **Interview mit Robert Blacikowski.**
Hör zu: Ist das richtig (R) oder falsch (F)? Ergänze dann die Tabelle.

Hallo, ich heiße Robert.

	R	F
1. Robert kommt aus Polen.	☒	?
2. Robert kommt aus München.	?	?
3. Robert wohnt im Moment in München.	?	?
4. Robert lernt Deutsch in Polen.	?	?
5. Robert studiert Informatik in Warschau.	?	?
6. Robert arbeitet als Informatiker in Deutschland.	?	?
7. Robert möchte nach dem Studium in Deutschland arbeiten.	?	?

Name:	Wohnort:	Herkunft:
Robert Blacikowski	?	?

1

VIDEO

VIDEO 01 Bea und Leon stellen sich vor

1 **Sieh den ersten Videoteil an (00:00–00:54) und ergänze die Tabelle.**

Name: *Beatrix Steiner (Bea)*	Klasse: ?
Wohnort: ?	Geschwister: ?
Herkunft: ?	Hobbys: ?
Alter: ?	Kontakt: ?
Schule: ?	

2 **Sieh den zweiten Videoteil an (00:55–01:48) und ergänze die Tabelle.**

Name: ?	Klasse: ?
Wohnort: ?	Geschwister: ?
Herkunft: ?	Hobbys: ?
Alter: ?	Kontakt: ?
Schule: ?	

3 **Wer sagt das, Bea oder Leon? Lies die Sätze und schreib in dein Heft. Sieh dann das Video noch einmal an und kontrolliere.**

1. Ich tanze Hip-Hop.
2. Ich höre Rap und spiele Videogames.
3. Ich mag klassische Musik.
4. Ich bin auch sportlich.
5. Ich bin Einzelkind.
6. Ich habe eine kleine Schwester.
7. Ich bin ein Fan vom FC Bayern.
8. Ich besuche die Klasse 9A.

1. Bea

4 **Schreib neun Sätze in dein Heft.**

		14 Jahre alt.
	wohnt	die Klasse 10B.
	kommt	aus Frankfurt.
Bea	ist	eine Schwester.
	besucht	in München.
Leon	hat	Fußball.
	tanzt	aus Hamburg.
	spielt	Einzelkind.
		Hip-Hop.

Bea kommt aus Hamburg. Leon...

5 **Schreib die Antworten.**

1. Wo wohnt Bea?
2. Wie alt ist Bea?
3. Welche Klasse besucht Bea?
4. Ist Bea Einzelkind?
5. Was sind Beas Hobbys?
6. Wo wohnt Leon?
7. Ist Leon in München geboren?
8. Wie heißt Leons Schule?
9. Hat Leon Geschwister?
10. Was sind Leons Hobbys?

1. Bea wohnt in München.

6 **Hast du ein gutes Gedächtnis?**

1. Wer hat lange Haare?
2. Wer ist in der Schule?
3. Wer hat ein blaues T-Shirt an?
4. Wer sagt „Tschüs"?

2 Was macht ihr heute Nachmittag?

A Kommt ihr mit?

1 Aktivitäten. Ordne zu.

1 c

2 ?

3 ?

4 ?

5 ?

6 ?

7 ?

8 ?

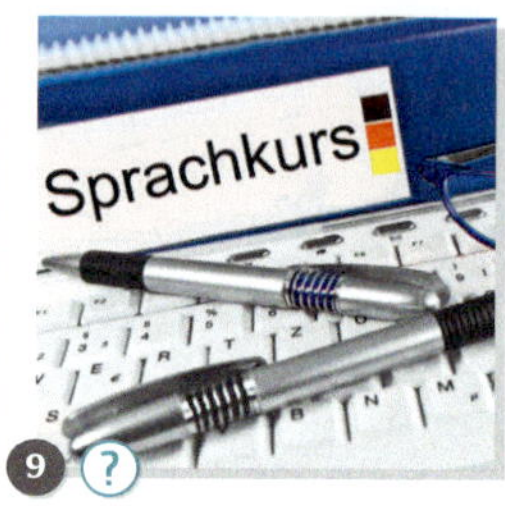

9 ?

10 ?

a. Hausaufgaben machen
b. Videogames spielen
c. Volleyball spielen
d. ins Kino gehen
e. Musik machen
f. shoppen gehen
g. ein Buch lesen
h. Deutsch lernen
i. Fernsehen gucken
j. joggen gehen

015 **2 Zur Kontrolle: Hör zu und sprich nach.**

3 Macht eine Kettenübung.

- ◆ Was machst du heute Nachmittag? →
- o Heute Nachmittag lerne ich Deutsch. Und du? Was machst du heute Nachmittag? →
- ▲ Heute Nachmittag ...

> ◆ Was machst du heute Nachmittag?
> o Ich lerne **heute Nachmittag** Deutsch. / **Heute Nachmittag** lerne ich Deutsch.

4 Lies den Text, verbinde und lies die Sätze vor.

Hallo, das ist meine Clique. Wir sind acht Leute: fünf Jungen und drei Mädchen. Wir wohnen alle in Freiburg. Wir sind alle 15 Jahre alt und besuchen das Ursula-Gymnasium. Wir treffen uns oft am Nachmittag nach der Schule. Wir Jungen spielen Fußball oder Handball. Die Mädchen machen gern Musik. Manchmal gehen wir zusammen ins Kino ...

Julian und seine Freunde	gehen	das Ursula-Gymnasium.
	wohnen	15 Jahre alt.
	sind	manchmal ins Kino.
	besuchen	in Freiburg.

5 **Ergänze die Sätze. Such im Text von Aufgabe 4. Dann lies die Fragen und antworte.**

1. *Wir* besuchen das Ursula-Gymnasium.
2. Manchmal gehen wir ? ?.
3. ? ? in Freiburg.
4. Wir ? acht Leute.
5. Wir treffen uns oft am ?.
6. Wir ? Handball.
7. Die Mädchen ? Musik.

016 **6** **Hör zu und lies mit. Dann antworte auf die Fragen mit deinem Partner / deiner Partnerin.**

1. Was fragt Martin?
2. Was antwortet Sami?
3. Was fragt Sami?
4. Was fragt Mirko?
5. Was antwortet Luca?

	gehen	**spielen**
wir	geh-**en**	spiel-**en**
ihr	geh-**t**	spiel-**t**
sie	geh-**en**	spiel-**en**

7 **Macht Gruppen. Dann spielt Dialoge.**

- ◆ Was macht ihr heute Nachmittag?
- ○ Wir spielen Volleyball. Kommt ihr mit?
- ◆ Ja, gern. / Nein, danke. Wir spielen lieber Fußball.

- ◆ Wir spielen Videogames. Kommt ihr mit?
- ○ Ja, gern. / Nein, danke. Wir spielen lieber Fußball.

→ AB S. 17–20

LANDESKUNDE

Was machen die Deutschen in der Freizeit?

Lies die Statistik und berichte dann in der Klasse.

Fernsehen gucken	92 %
Radio hören	86 %
im Internet surfen, chatten	75 %
telefonieren (mit dem Handy)	72 %
Zeitung / Bücher lesen	68 %
ins Kino / ins Café gehen	65 %
Videogames spielen	57 %
Sport treiben	48 %
faulenzen, nichts tun	44 %
shoppen gehen	36 %

PROJEKT

Mach ein Interview mit deinem Partner / deiner Partnerin. Berichte dann in der Klasse.

	sehr gern	gern	nicht so gern	gar nicht gern
Fernsehen gucken	?	?	?	?
chatten	?	?	?	?
im Internet surfen	?	?	?	?
ins Kino gehen	?	?	?	?
Sport treiben	?	?	?	?
Musik machen	?	?	?	?
shoppen gehen	?	?	?	?
...	?	?	?	?

B Wie spät ist es?

017 **8** Hör zu und sprich nach.

9 **Spielt Dialoge.**

◆ Wie spät ist es? Halb drei?
○ Nein, es ist halb vier.

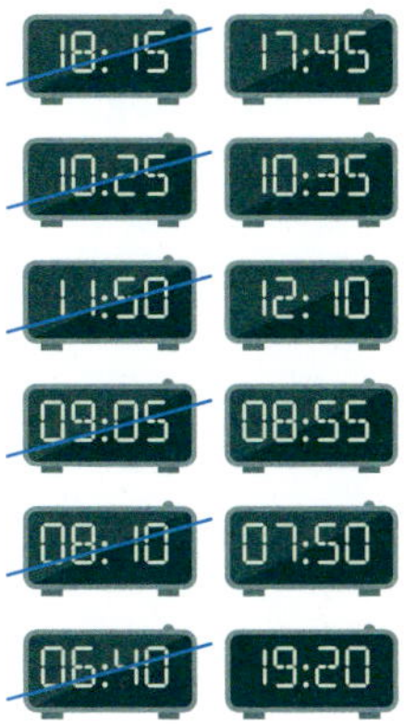

Wie spät ist es?
Es ist ... (Uhr).

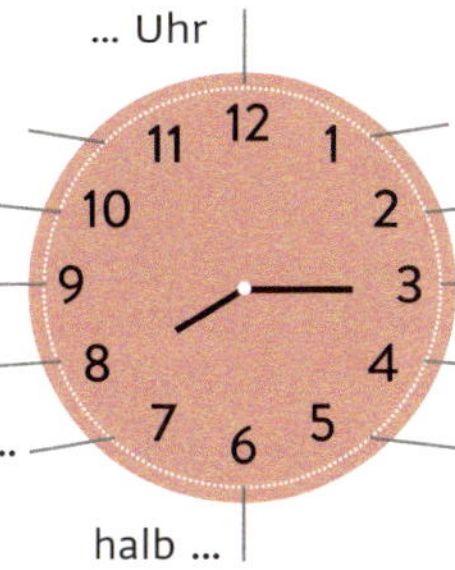

Das schreibst du: 18:15 Uhr
Das sagst du: Viertel nach sechs

10 **Um wie viel Uhr ... ? Spielt Dialoge wie im Beispiel.**

Um wie viel Uhr gehst du / geht ihr ins Kino?

Ich gehe / Wir gehen um halb sieben ins Kino.

1. Fußball spielen – 15:00 Uhr
2. Deutsch lernen – 14:30 Uhr
3. Hausaufgaben machen – 15:45 Uhr
4. joggen gehen – 18:10 Uhr
5. shoppen gehen – 17:15 Uhr
6. Videogames spielen – 18:20 Uhr

◆ Um wie viel Uhr?
○ Um ... (Uhr).

◆ Wann?
○ Um ... (Uhr).

018 **11** **Wer macht was wann? Welche Uhrzeit hörst du? Hör zu und schreib Sätze.**

Wer?	Was?	Wann?
Julian	Deutsch lernen	16:30 Uhr
Luca	zur Schule gehen	21:00 Uhr
Sami	shoppen gehen	07:30 Uhr
Viktoria	Videogames spielen	10:45 Uhr
Herr Böhm	ins Kino gehen	13:15 Uhr
Frau Weber	Hausaufgaben machen	15:10 Uhr

Julian geht um halb acht zur Schule.
Luca ...

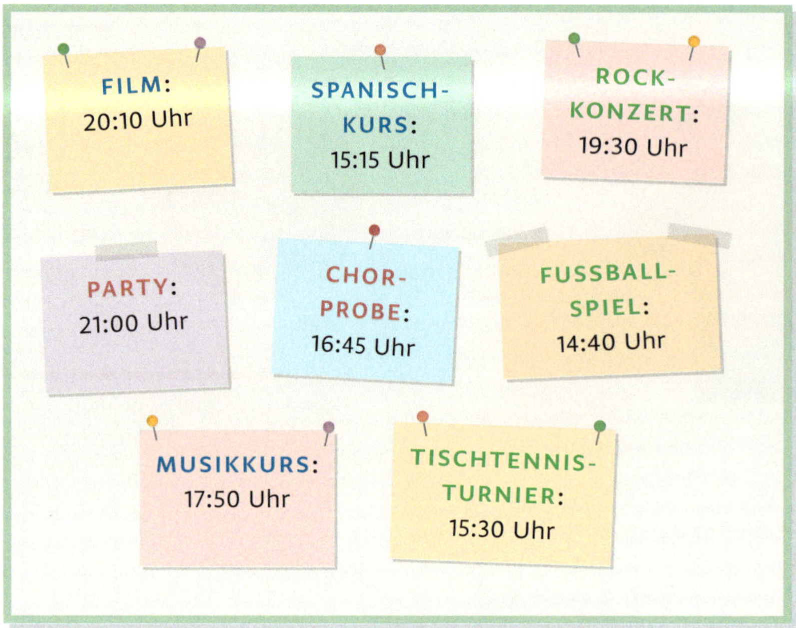

12 **Wann beginnt … ? Spielt Dialoge.**

1. ◆ Wann beginnt das Fußballspiel?
   ○ Das Fußballspiel beginnt um zwanzig vor drei.
2. ◆ Beginnt der Spanischkurs um halb vier?
   ○ Nein, der Spanischkurs beginnt um Viertel nach drei.

Nomen und Artikel

der Film	maskulin
das Konzert	neutral
die Party	feminin

→ AB S. 20–21

C Wohin geht Frau Kaiser?

019 **13** **Hör zu und lies mit. Dann nummeriere die Fotos.**

Frau Kaiser, wohin gehen Sie heute?

Also … heute treibe ich Sport. Um halb zehn gehe ich ins Schwimmbad. Dann, um halb eins, gehe ich in die Pizzeria Sole Mio. Dort esse ich zu Mittag. Nach dem Essen, um drei Uhr, gehe ich in den Tennisclub. Und heute Abend gehe ich ins Kino …

Wohin geht Frau Kaiser zuerst? Und dann?

A ?

B 1

C ?

D ?

14 **Was ist das? Ordne zu.**

1 e

2 ?

3 ?

4 ?

5 ?

6 ?

7 ?

8 ?

9 ?

10 ?

a. der Tennisclub
b. die Eisdiele
c. das Fitnesszentrum
d. der Park
e. der Jugendclub
f. die Musikschule
g. das Kino
h. die Pizzeria
i. der Supermarkt
j. das Schwimmbad

020 **15** **Zur Kontrolle: Hör zu und sprich nach.**

16 **Spielt Dialoge wie im Beispiel.**

Gehen wir → in den / in die / ins → Musikschule? / Tennisclub? / Kino? / Jugendclub? / Eisdiele? / Schwimmbad? / Fitnesszentrum? / Park? / Pizzeria? / Supermarkt?

1. ◆ Gehen wir ins Kino?
   - ○ Ja, gern. / Ja, gute Idee.
   - ○ Nein, gehen wir lieber in die Eisdiele!
2. ◆ Wohin gehen wir?
   ○ Gehen wir in den Tennisclub!

17 **Spielt Dialoge.**

◆ Wohin gehen Julian und Roberto?
○ Sie gehen in den Park.

1. Karen und Tina – das Schwimmbad
2. Herr und Frau Meier – das Kino
3. Mirko und Luca – der Jugendclub
4. Julia und Arzu – die Musikschule
5. Max und Miriam – der Supermarkt

Wohin? → *in* + Akkusativ	
der Park	→ in den Park
das Kino	→ ins Kino
die Eisdiele	→ in die Eisdiele

021 🔊 **18** **Interview mit Frau Kaiser. Hör zu: Was ist richtig?**

Frau Kaiser, ich möchte Sie interviewen. Geht das?

Gern, kein Problem.

Hoeflichkeitsform: du ≠ Sie
- Julian, was machst du heute?
- Frau Kaiser, was machen Sie heute?

1. Frau Kaiser arbeitet als … ⊗ Lehrerin. (?) Trainerin.
2. Frau Kaiser wohnt in … (?) München. (?) Freising.
3. Frau Kaiser ist … (?) nicht verheiratet. (?) verheiratet.
4. Frau Kaiser hat … (?) keine Kinder. (?) eine Tochter.
5. Frau Kaiser unterrichtet … (?) nur Englisch. (?) Englisch und Sport.

021 🔊 **19** **Was passt zusammen? Ordne zu.**

1. Frau Kaiser, wo wohnen Sie?
2. Frau Kaiser, sind Sie verheiratet?
3. Frau Kaiser, haben Sie Kinder?
4. Frau Kaiser, was unterrichten Sie?
5. Frau Kaiser, arbeiten Sie in München?

a. Nein, in Freising.
b. Ja, eine Tochter.
c. Sport und Englisch.
d. Nein, ich bin nicht verheiratet.
e. In München.

→ AB S. 22–25

AUSSPRACHE

022 🔊 **1. Hör zu und sprich nach.**

ei: mein, eins, heißen, Freising, Eisdiele
ie: spielen, sieben, wie viel, Viertel, telefonieren

023 🔊 **2. Hör zu: Langes oder kurzes *i*?**

	lang	kurz
1. spielen	⊗	(?)
2. beginnen	(?)	(?)
3. schwimmen	(?)	(?)
4. studieren	(?)	(?)
5. willkommen	(?)	(?)
6. Diele	(?)	(?)

Ein langes **i** schreibt man meistens **ie**.

024 🔊 **3. Hör zu und sprich nach. Achte auf die Satzmelodie.**

- Was macht ihr heute Nachmittag? ↘
- Wir gehen Fußball spielen. ↘
  Und was macht ihr heute Nachmittag? ↗
- Wir gehen in den Park. ↘

- Wie spät ist es? ↘
- Es ist halb vier. ↘

- Frau Kaiser, → wo wohnen Sie? ↘
- Ich wohne in München. ↘

DAS KANN ICH SCHON!

◆ **Was macht ihr heute Nachmittag?**

○ Wir { spielen Volleyball. / spielen Fußball. / spielen Videogames. / gehen joggen. / gehen shoppen. / gehen ins Kino. / lesen ein Buch. / machen Musik. / machen Hausaufgaben. / lernen Deutsch. / gucken Fernsehen. }

◆ **Bist du in einer Clique?**
○ Ja, ich bin in einer Clique.

◆ **Wie viele Leute seid ihr?**
○ Wir sind acht Leute: Fünf Jungen und drei Mädchen.

◆ **Welche Schule besucht ihr?**
○ Wir besuchen das Ursula-Gymnasium.

◆ **Was macht ihr zusammen?**
○ Wir spielen zusammen Fußball.

◆ **Wir gehen { ins Kino. / Fußball spielen. / in die Eisdiele. } Kommt ihr mit?**

{ ○ Ja, gern. / ○ Nein, danke. Wir spielen lieber Volleyball. }

◆ **Wie spät ist es?**

○ Es ist { neun Uhr. / zehn nach neun. / Viertel nach neun. / fünf vor halb zehn. / halb zehn. / zwanzig vor zehn. / Viertel vor zehn. / fünf vor zehn. }

◆ **Wann / Um wie viel Uhr beginnt** { der Film / der Spanischkurs? / das Konzert / das Spiel? / die Party / die Chorprobe? }

○ Der Film / Der Spanischkurs beginnt um halb vier.
○ Das Konzert / Das Spiel beginnt um fünf Uhr.
○ Die Party / Die Chorprobe beginnt um Viertel nach acht.

◆ **Wohin geht ihr?**

○ Wir gehen { in den Park / Tennisclub / Supermarkt. / ins Kino / Fitnesszentrum / Schwimmbad. / in die Eisdiele / Pizzeria / Musikschule. }

◆ **Frau Kaiser, wo wohnen Sie?**
○ Ich wohne in München.

◆ **Frau Kaiser, was machen Sie beruflich?**
○ Ich bin Lehrerin.

◆ **Frau Kaiser, was unterrichten Sie?**
○ Ich unterrichte Englisch und Sport.

2

GRAMMATIK AUF EINEN BLICK

Verben

	machen	spielen	gehen
ich	mach-e	spiel-e	geh-e
du	mach-st	spiel-st	geh-st
er / es / sie	mach-t	spiel-t	geh-t
wir	mach-en	spiel-en	geh-en
ihr	mach-t	spiel-t	geh-t
sie / Sie	mach-en	spiel-en	geh-en

✔ **Ergänze.**

lernen
?
?
?
wir lernen
?
?

	sein
ich	bin
du	bist
er / es / sie	ist
wir	sind
ihr	seid
sie / Sie	sind

Wir sind Freunde.

✔ **Ergänze.**

1. Wer *bist* du?
2. Wer ? Luca?
3. ◆ Wie viele ? ihr in der Clique?
   ○ Wir ? zehn Leute.
4. Max und Timo ? Schüler.
5. Herr Meier, wie alt ? Sie?

	lesen e → ie
ich	les-e
du	lies-t
er / es / sie	lies-t
wir	les-en
ihr	les-t
sie / Sie	les-en

✔ **Ergänze.**

1. Was *liest* du?
2. Ich ? ein Buch.
3. Frau Kaiser, ? Sie gern?
4. Wer ? den Text?

Höflichkeitsform *Sie*

Frau Kaiser, wo wohnen **Sie**?
Frau Kaiser, was machen **Sie** beruflich?
Frau Kaiser, sind **Sie** verheiratet?

✔ **Ergänze.**

1. Herr Meier, wo *wohnen Sie* ?
2. Frau Schulz, woher ? ?
3. Herr Stein, was ? ?

Frau Kaiser, wo wohnen Sie?

Ich wohne in München.

Verbposition im Satz

	Position 1	Position 2	
Aussage	Wir Es	gehen ist	heute Nachmittag ins Kino. 15 Uhr.
Inversion	Heute Nachmittag	gehen	wir ins Kino.
Ja/Nein-Frage	Gehen Lernst	wir du	Fußball spielen? Deutsch?
W-Frage	**W**as **W**ie spät **W**ann	macht ist beginnt	ihr heute Nachmittag? es? der Spanischkurs?

In welche Lücke passt das Verb? Ergänze.

1. Wir *spielen* Fußball ~~[?]~~. (spielen)
2. [?] ihr [?] mit? (kommen)
3. Wo [?] Sie [?]? (wohnen)
4. [?] Julian [?] das Gymnasium? (besuchen)
5. Wann [?] das Fußballspiel [?] heute? (beginnen)
6. ◆ [?] wohin [?] Frau Kaiser? (gehen)
   ○ Sie [?] ins Schwimmbad [?]. (gehen)

Nomen und bestimmter Artikel

Artikel	Nomen	Genus
der	Film / Park / Supermarkt	maskulin
das	Kino / Fußballspiel / Schwimmbad	neutral
die	Eisdiele / Party / Schule	feminin

Suche im Internet oder im Wörterbuch fünf maskuline, neutrale und feminine Nomen.

1. der *Baum,* [?]
2. das [?]
3. die [?]

der Supermarkt

das Schwimmbad

die Eisdiele

Fragewort *Was*?

◆ Was macht ihr heute Nachmittag?
○ Wir gehen Fußball spielen.

◆ Was machst du in der Freizeit?
○ Ich gehe joggen.

Schreib die Frage.

1. ◆ *Was lernst du?*
   ○ Ich lerne Deutsch.
2. ◆ [?]
   ○ Wir spielen Videogames.
3. ◆ [?]
   ○ Er guckt Fernsehen.
4. ◆ [?]
   ○ Sie hören Rockmusik.

2

GRAMMATIK AUF EINEN BLICK

Fragewort *Wann?* und Präposition *um*

◆ **Wann** beginnt der Film?
○ Der Film beginnt **um** zehn nach acht.

Wann? → um

Schreib die Frage oder die Antwort.

1. ◆ *Wann beginnt der Film?*
   ○ Der Film beginnt um halb acht.
2. ◆ [?]
   ○ Der Spanischkurs beginnt um fünf.
3. ◆ Wann gehst du joggen?
   ○ [?] (16 Uhr)
4. ◆ [?]
   ○ Ich mache um drei Hausaufgaben.

Fragewörter *Wo?* und *Wohin?* und Präposition *in*

Wo wohnst du?
Wohin gehen wir?

Wo? → in Hamburg

Wohin? → in den Park

Schreib die Frage.

1. ◆ *Wohin geht ihr?*
   ○ Wir gehen ins Kino.
2. ◆ [?]
   ○ Er wohnt in Berlin.
3. ◆ [?]
   ○ Sie geht in den Park.
4. ◆ [?]
   ○ Wir wohnen in Österreich.

Präposition *in* + Akkusativ

◆ Wohin gehen wir?

○ Wir gehen { in den Tennisclub. / ins Kino. / in die Eisdiele. }

Ergänze.

Wir gehen ...
1. *in den* Park
2. [?] Schule
3. [?] Schwimmbad
4. [?] Supermarkt
5. [?] Pizzeria
6. [?] Fitnesszentrum

→ AB S. 26–27

TRAINING

LESEN

1 **Wer ist das? Lies die Einträge im Forum und schreib dann die Antworten in dein Heft.**

www.teenies-forum.com

JEAN

Hallo! Ich, Jean, 14, wohne in Lyon (Frankreich) und lerne Deutsch. Meine Hobbys: im Internet surfen, Videogames und Musik (ich spiele Bassgitarre). Ich habe viele Freunde: Wir treffen uns in der Stadt und dann gehen wir zusammen ins Einkaufszentrum.
Wer schreibt mir eine E-Mail?? Meine E-Mail-Adresse: jeanP@free.fr

SVEN

Hallo, Freunde aus der ganzen Welt!! Ich heiße Sven. Ich komme aus Schweden und ich möchte neue Leute, Jungen und Mädchen, kennenlernen. Ich bin 15, lerne Deutsch und Englisch in der Schule und spiele Keyboard. Ich mag Sport, vor allem Skifahren. Ich gehe oft ins Jugendzentrum: Dort treffe ich meine Freunde. Schreibst du mir?
sven-bjorn@swed.se

BEATA

Ich bin Beata aus Danzig (das liegt in Polen) und möchte gern Leute aus Italien kennenlernen. Ich spreche ein bisschen Italienisch, denn ich gehe zweimal die Woche in eine Sprachschule. Aber du kannst mir auf Deutsch oder auf Englisch schreiben. Ich mag Fremdsprachen.
Meine Hobbys: Fremdsprachen, Tanzen und Schwimmen.
beatagalina@belov.pl

SUSANN

Ich heiße Susann, aus Frankfurt. Ich bin neu hier und habe nicht so viele Freunde.
Ich gehe nicht gern ins Jugendzentrum. Ich möchte lieber E-Mails schreiben oder chatten.
Inlineskaten finde ich super!
If you want, you can write in English.
SusannD@b-online.de

1. Er / Sie sucht Jungen und Mädchen aus Italien.
2. Er / Sie möchte mit neuen Leuten chatten.
3. Er / Sie surft gern im Internet.
4. Er / Sie spielt Keyboard.
5. Er / Sie mag Skifahren.
6. Er / Sie geht in eine Sprachschule.
7. Er / Sie geht nicht gern ins Jugendzentrum.
8. Er / Sie geht mit Freunden ins Einkaufszentrum.

1. Das ist Beata aus Danzig.

SCHREIBEN

2 **Du willst auch neue Leute kennenlernen. Schreib deine Anzeige und stell sie ins Teenies-Forum.**

www.teenies-forum.com

Hallo, ich ...

TRAINING

SPRECHEN

3 **Hast du einen besten Freund / eine beste Freundin? Erzähle.**

Wie heißt er / sie?
Wie alt ist er / sie?
Geht ihr in dieselbe Schule?
Welche Klasse besucht er / sie?
Was macht ihr zusammen?

HÖREN

025 **4** **Was ist richtig: a, b, oder c? Hör zu und kreuze an.**

Situation 1

1. Eva und Anika gehen ...

a. (?) ins Schwimmbad.

b. (x) in den Tennisclub.

c. (?) in die Schule.

2. Um wie viel Uhr gehen sie?

a. (?) Um halb vier.

b. (?) Um vier.

c. (?) Um Viertel nach vier.

Situation 2

3. David und Max gehen ...

a. (?) ins Kino.

b. (?) ins Konzert.

c. (?) in die Disco.

4. Um wie viel Uhr gehen sie?

a. (?) Um halb neun.

b. (?) Um Viertel vor neun.

c. (?) Um neun.

VIDEO

VIDEO 02 Was macht Jana in der Freizeit?

1 **Sieh das Video an. Welcher Satz passt zu welchem Foto? Ordne zu.**

1 c · 2 ? · 3 ? · 4 ? · 5 ? · 6 ? · 7 ? · 8 ?

a. Jana lernt Keyboard spielen.
b. Jana backt Torten und Kuchen.
c. Jana zeigt Rezepte und Bilder auf einem Foodblog.
d. Jana spielt Handball.
e. Jana trifft Freunde und Freundinnen im Jugendclub.
f. Jana spielt Tischtennis.
g. Jana spielt Tischfußball.
h. Jana macht Fahrradtouren.

2 **Sieh das Video noch einmal an. Sagt Jana das? Ist das richtig (R) oder falsch (F)?**

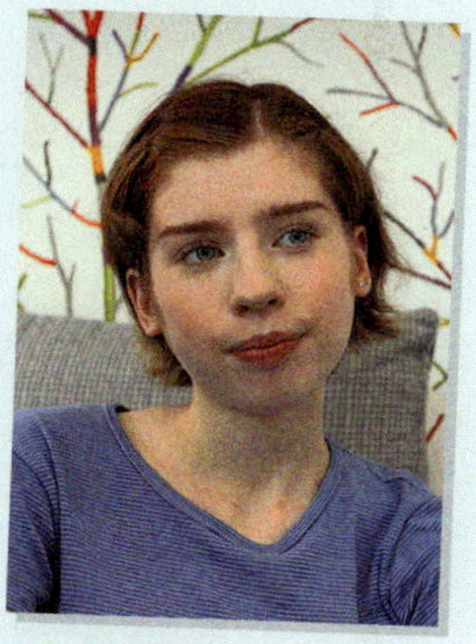

	R	F
1. Ich bin sportlich.	⊗	?
2. Ich spiele in einer Mannschaft.	?	?
3. Ich spiele nicht sehr gut Handball.	?	?
4. Ich gehe zweimal die Woche in die Musikschule.	?	?
5. Ich backe und esse dann den Kuchen.	?	?
6. Ich bin in einer Clique. Wir sind 10 Leute.	?	?
7. Der Bahnhof ist unser Treffpunkt.	?	?
8. Wir sitzen zusammen und sprechen miteinander.	?	?

3 **Was antwortet Jana? Ordne zu.**

1. Jana, was machst du in der Freizeit? → c
2. Möchtest du Profispielerin werden?
3. Also, du spielst Handball. Was machst du noch?
4. Jana, bist du in einer Clique?
5. Wo trefft ihr euch?
6. Und was macht ihr dort?

a. Ich lerne Keyboard spielen und ich backe.
b. Unser Treffpunkt ist der Jugendclub in der Bahnhofstraße.
c. Ich habe viele Hobbys: Ich spiele Handball.
d. Ja, wir sind eine tolle Truppe.
e. Wir spielen Tischtennis, Tischfußball und wir sprechen miteinander.
f. Nein, Handball ist nur ein Hobby.

1. c

4 **Was bedeuten die Sätze in deiner Sprache? Übersetze.**

1. Ich habe viele Hobbys. ?
2. Ich bin in einer Mannschaft. ?
3. Mein Trainer sagt, ich bin ziemlich gut. ?
4. Ich gehe einmal die Woche in die Musikschule. ?
5. Ich backe gern. ?
6. Unser Treffpunkt ist der Jugendclub. ?

3 Viktorias Familie

A Ich habe einen Bruder und eine Schwester

1 (d)

2 (?)

3 (?)

4 (?)

a. Wir wohnen in Reutte, in einem Haus mit Garten. Der Garten ist groß. Wir haben auch einen Hund. Ich spiele gern mit Miro, er gehört zur Familie.

b. Opa und Oma wohnen auch in Reutte. Sie sind fast 75, aber noch fit und aktiv. Meine Großeltern lieben Tiere! Sie haben vier Haustiere: eine Katze und drei Goldfische.

c. Das sind meine Eltern. Mein Vater ist Lehrer, er unterrichtet Mathe. Meine Mutter ist Italienerin, sie kommt aus Südtirol, aus Bozen. Sie arbeitet als Kassiererin.

d. Ich habe zwei Geschwister: einen Bruder, Niklas, und eine Schwester, Leonie. Mein Bruder ist 17 und meine Schwester ist 10. Wir verstehen uns gut, aber manchmal gibt es Streit.

1 **Was passt zusammen? Lies und ordne zu.**

026 **2** **Wie geht der Satz weiter? Ordne zu und schreib in dein Heft.**

1. Wir ...
2. Opa und Oma ...
3. Mein Vater ...
4. Meine Mutter ...
5. Ich ...
6. Mein Bruder ...
7. Meine Schwester Leonie ...
8. Meine Großeltern ...

a. sind fast 75 Jahre alt.
b. ist 10 Jahre alt.
c. haben eine Katze und drei Goldfische.
d. heißt Niklas und ist 17.
e. haben auch einen Hund.
f. ist Italienerin.
g. arbeitet als Kassiererin.
h. unterrichtet Mathe.
i. wohnen in einem Haus mit Garten.
j. habe zwei Geschwister: einen Bruder und eine Schwester.

Possessivartikel *mein / meine*	
der Bruder	→ mein Bruder
das Haustier	→ mein Haustier
die Familie	→ meine Familie
die Eltern	→ meine Eltern

1. e

026 **3** **Zur Kontrolle: Hör zu und sprich nach.**

4 **Und du? Antworte.**

Wie viele Personen seid ihr zu Hause?
Wo wohnst du?
Wohnt ihr in einer Wohnung oder in einem Haus?
Hast du einen Bruder / eine Schwester?
Wie heißt dein Bruder / deine Schwester?
Bist du ein Einzelkind?
Hast du ein Haustier?
Wie heißt dein Haustier?

Akkusativ: unbestimmter Artikel

der Bruder	→ Ich habe einen Bruder.
das Kaninchen	→ Ich habe ein Kaninchen.
die Schwester	→ Ich habe eine Schwester.

der Hund

die Katze

das Kaninchen

der Goldfisch

der Kanarienvogel

027 **5** **Hör zu und bring die Sätze in die richtige Reihenfolge.**

- ? ◆ Und was spricht sie?
- ? ○ Ja, sie kommt aus Südtirol, aus Bozen.
- 1 ◆ Viktoria, deine Mutter ist Italienerin, nicht wahr?
- ? ○ Natürlich bin ich zweisprachig.
- ? ◆ Verstehe. Und du, Viktoria? Bist du auch zweisprachig?
- ? ○ Sie ist zweisprachig: Sie spricht perfekt Italienisch und Deutsch.

Possessivartikel *dein / deine*

der Bruder	→ dein Bruder
das Haustier	→ dein Haustier
die Familie	→ deine Familie
die Eltern	→ deine Eltern

PROJEKT

Sieben Schüler haben einen Bruder. Zwei Schüler ...

Eine Klassenumfrage.
Sammle Informationen und berichte in der Klasse.

Wer hat wie viele Geschwister?	
Wer hat einen Bruder?	𝍸 ||
Wer hat eine Schwester?	
Wer hat einen Bruder und eine Schwester?	
Wer hat zwei Brüder?	||
Wer hat zwei Schwestern?	
Wer ist Einzelkind?	
...	

Wer hat Haustiere?
Wer hat einen Hund?
Wer hat eine Katze?
Wer hat einen Hamster? 
Wer hat eine Schildkröte? 
Wer hat einen Goldfisch?
Wer hat ein Kaninchen?
Wer hat einen Kanarienvogel?
...

6 Welche Sprache sprechen die Leute? Ordne zu.

Herr Sanchez (Mexiko)

Frau Nowak (Kroatien)

Herr Müller (Deutschland)

Frau Galanis (Griechenland)

Frau Picard (Frankreich)

Herr Johnson (USA)

Frau Mezoued (Marokko)

Herr Özdemir (Türkei)

spricht

Französisch | Türkisch | Deutsch | Arabisch | Spanisch | Griechisch | Kroatisch | Englisch

7 Spielt Dialoge.

1. ◆ Was spricht Herr Sanchez?
   ○ Herr Sanchez kommt aus Mexiko. Er spricht Spanisch.
2. ◆ Spricht Frau Galanis Arabisch?
   ○ Nein, Frau Galanis kommt aus Griechenland. Sie spricht Griechisch.
3. ◆ Was spricht man in der Türkei?
   ○ In der Türkei spricht man Türkisch.

	sprechen
ich	spreche
du	sprichst
er / es / sie	spricht

man
In Österreich **spricht man** Deutsch.

8 Welche Sprachen sprichst du? Kreuze an und schreib Sätze in dein Heft.

Sprachen	sehr gut	nicht so gut	ein bisschen	kein Wort
Kroatisch	?	?	?	?
Deutsch	?	?	?	?
Englisch	⊗	?	?	?
Französisch	?	?	?	?
Spanisch	?	?	?	?
Arabisch	?	?	?	?
Türkisch	?	?	?	?
...	?	?	?	?

Ich spreche sehr gut Englisch. Ich spreche ...

9 Spielt Dialoge.

◆ Sprichst du Französisch?
- ○ Ja, ich spreche sehr gut Französisch.
- ○ Nein, ich spreche kein Wort Französisch.

→ AB S. 28–32

B Der Stammbaum von Viktorias Familie

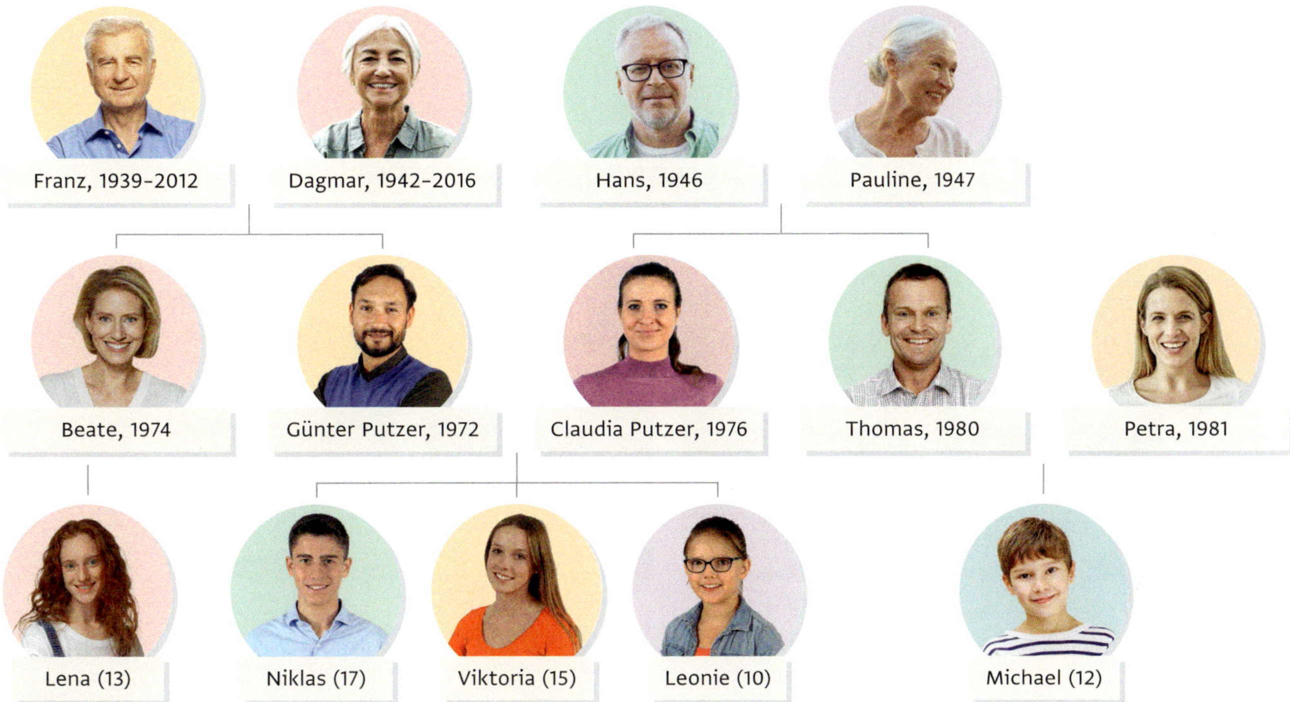

Mein Vater heißt Günter und meine Mutter Claudia. Ich habe einen Bruder, Niklas, und eine Schwester, Leonie. Ich habe auch einen Cousin, Michael. Michael ist der Sohn von Onkel Thomas und Tante Petra. Onkel Thomas und Tante Petra sind aber geschieden und Michael wohnt bei Tante Petra. Ich habe noch eine Tante. Sie heißt Beate und ist nicht verheiratet, d.h. sie ist Single. Sie hat aber eine Tochter, Lena. Sie ist meine Cousine. Von meinen Großeltern leben nur noch Opa Hans und Oma Pauline. Opa Franz und Oma Dagmar sind leider schon gestorben.

028 **10 Viktorias Familie. Hör zu und lies mit.**

11 Spielt Dialoge.

- Wer ist Michael?
- Er ist der Sohn von Thomas und Petra.
  Aber er ist auch der Cousin von Viktoria, Leonie und Niklas.
- Wer ist Beate?
- Sie ist Viktorias Tante. Aber sie ist auch die Schwester von Günter, die Tochter von Opa Franz und Oma Dagmar. Und sie ist Lenas Mutter.

Viktorias Familie =
die Familie **von** Viktoria

Verneinung mit *nicht*
Beate ist verheiratet.
Beate ist **nicht** verheiratet.

029 **12 Hör zu und sprich nach. Antworte auf die Fragen.**

- Viktoria, wann ist Opa Hans geboren?
- Er ist neunzehnhundertsechsundvierzig geboren.
- Und Oma Pauline?
- Sie ist neunzehnhundertsiebenundvierzig geboren.

1. Wie alt ist Oma Pauline?
2. Wann ist Viktorias Vater geboren?
3. Leonie ist 10 Jahre alt. Wann ist sie geboren?

Jahreszahlen
Das schreibst du: 1946
Das sagst du:
neunzehnhundertsechsundvierzig

3 Viktorias Familie

030 **13** **Wie spricht man das Jahr? Hör zu und sprich nach.**

1789 | 1815 | 1871 | 1945 | 1990 | 2000 | 2015

14 **Macht eine Kettenübung.**

◆ Wann bist du geboren? → ○ Ich bin ... geboren. Wann ist deine Schwester geboren? →
▲ Sie ist ... geboren. Wann ist dein Vater geboren? → ◻ Er ist ...

15 **Wann sind sie geboren? Wann sind sie gestorben? Fragt und antwortet.**

Albert Einstein 1879 - 1955

Ludwig van Beethoven 1770 - 1827

Helmut Kohl 1930 - 2017

Romy Schneider 1938 - 1982

Anne Frank 1929 - 1945

→ AB S. 32-35

C Viktoria ist Österreicherin

031 **16** **Hör zu und lies mit. Spielt dann Dialoge.**

1. Luca – Italien – Italiener
2. Justine – Frankreich – Französin
3. Martin – Deutschland – Deutscher
4. Sami – Türkei ⚠ – Türke
5. Mirko – Schweiz ⚠ – Schweizer
6. Carmen – Brasilien – Brasilianerin
7. Fatma – Marokko – Marokkanerin
8. Georgios – Griechenland – Grieche

17 **Ergänze die Tabelle.**

Land	Er	Sie	Sprache(n)
Deutschland	?	*Deutsche*	?
Österreich	*Österreicher*	*Österreicherin*	*Deutsch*
Schweiz	?	*Schweizerin*	?
Griechenland	?	*Griechin*	?
Brasilien	*Brasilianer*	?	?
Frankreich	*Franzose*	?	?
Italien	*Italiener*	?	?
Türkei	?	*Türkin*	?
Marokko	*Marokkaner*	?	?

Nationalitäten

Österreicher	Österreicher**in**
Türke	Türk**in**
⚠ Deutscher	Deutsche

18 **Spielt Dialoge wie in Aufgabe 16.**

- ◆ Viktoria, du sprichst Deutsch, nicht wahr?
- ○ Natürlich spreche ich Deutsch. Ich bin Österreicherin.

032 **19** **Hör zu und mach Notizen. Ergänze dann die Sätze.**

Name: ?
Wohnort: ?
Herkunft: ?
Sprachen: ?
Familie: ?
Beruf: ?

1. Frau Seibold kommt aus ?, und wohnt in ?.
2. Sie ist verheiratet und hat eine ?, Maja.
3. Der Mann von Frau Seibold ist ?.
4. Mit Maja spricht Frau Seibold nur ?.
5. Maja ist zweisprachig. Sie spricht ? und ?.
6. Frau Seibold ist ? von Beruf.
7. Herr Seibold arbeitet als ?.

die Architektin

der Lehrer

die Ärztin

die Kellnerin

der Ingenieur

der Friseur

Berufe

Lehrer	Lehrerin
⚠ Angestellter	Angestellte
⚠ Kaufmann	Kauffrau

→ AB S. 35-37

AUSSPRACHE

033 **1. Hör zu und sprich nach.**

sp: **sp**rechen, **Sp**anien, **sp**ielen
sch: Italieni**sch**, Engli**sch**, Spani**sch**

034 **2. Was hörst du? Kreuze an.**

	u	ü		o	ö
1.	⊗	?	6.	?	?
2.	?	?	7.	?	?
3.	?	?	8.	?	?
4.	?	?	9.	?	?
5.	?	?	10.	?	?

035 **3. Hör zu und sprich nach. Achte auf die Satzmelodie.**

- ◆ Hast du Geschwister? ↗
- ○ Ja, → ich habe einen Bruder. ↘

- ▲ Wann ist deine Oma geboren? ↘
- ■ Sie ist neunzehnhundertzweiundvierzig geboren. ↘

- ◆ Welche Sprachen sprichst du? ↘
- ○ Ich spreche Italienisch → und ein bisschen Deutsch. ↘

Die Melodie bleibt „in der Mitte" → solange du weitersprechen willst.

DAS KANN ICH SCHON!

- **Hast du Geschwister?**
  - Nein, ich bin Einzelkind.
  - Ja, ich habe einen Bruder. / eine Schwester. / zwei Brüder. / zwei Schwestern.

- **Wo wohnst du?**
  - Ich wohne in einer Wohnung. / in einem Haus mit Garten.

- **Was macht dein Vater / deine Mutter?**
  - Er / Sie arbeitet als Lehrer / Lehrerin. / Kassierer / Kassiererin. / Manager / Managerin. / Angestellter / Angestellte. / …

- **Ist deine Tante verheiratet?**
  - Ja, sie ist verheiratet.
  - Nein, sie ist geschieden / Single.

- **Wer ist Beate?**
  - Sie ist die Tante von Veronika / Veronikas Tante.

- **Hast du ein Haustier?**
  - Nein, leider!
  - Ja, ich habe einen Hund. / einen Kanarienvogel. / einen Goldfisch. / ein Kaninchen. / eine Katze. / …

- **Welche Sprachen sprichst du?**
  - Ich spreche Deutsch. / Englisch. / Französisch. / Spanisch. / Arabisch. / …

- **Was spricht man in der Türkei?**
  - In der Türkei spricht man Türkisch.

- **Bist du Schweizer / Schweizerin?**
  - Nein, ich bin Österreicher / Österreicherin. / Franzose / Französin. / Grieche / Griechin. / Deutscher / Deutsche. / …

- **Wann bist du geboren?**
  - Ich bin zweitausendsieben geboren.

- **Wann ist dein Opa / deine Oma gestorben?**
  - Er / Sie ist zweitausendfünfzehn gestorben.

GRAMMATIK AUF EINEN BLICK

Verben

	haben	sprechen e → i
ich	hab-e	sprech-e
du	ha-st	sprich-st
er / es / sie	ha-t	sprich-t
wir	hab-en	sprech-en
ihr	hab-t	sprech-t
sie / Sie	hab-en	sprech-en

Ergänze.

1. ◆ *Hast* du Geschwister?
   ○ Ja, ich [?] einen Bruder
2. Viktoria [?] eine Schwester.
3. Wir [?] einen Hund.
4. Herr Wild, [?] Sie Kinder?
5. Ich [?] sehr gut Spanisch.
6. ◆ Was [?] Martin?
   ○ Er [?] Deutsch.

	arbeiten
ich	arbeit-e
du	arbeit-est
er / es / sie	arbeit-et
wir	arbeit-en
ihr	arbeit-et
sie / Sie	arbeit-en

Ergänze.

unterrichten
unterrichte
[?]
[?]
[?]
[?]
[?]

Indefinitpronomen *man*

◆ Was spricht **man** in der Schweiz?
○ In der Schweiz spricht **man** Deutsch, Französisch und Italienisch.

man = ein Mensch, Menschen
man ≠ Mann

Ergänze.

◆ Was *spricht man* in Deutschland?
○ In Deutschland [?] [?] Deutsch.

Verbposition im Satz: Inversion

Position 1	Position 2	Position 3	
In Österreich	spricht	man	Deutsch.
Zu Hause	sind	wir	vier Personen.
Mit Mama	spricht	Viktoria	Italienisch.
Natürlich	bin	ich	zweisprachig.

Ergänze deine Beispiele.

1. In Berlin [?].
2. Um 16:00 Uhr [?].
3. Mit Hanna [?].
4. Natürlich [?].

3

GRAMMATIK AUF EINEN BLICK

Nominativ: bestimmter Artikel und Personalpronomen

maskulin	neutral	feminin	Plural
bestimmter Artikel			
der	das	die	die
Vater	Kind	Mutter	Eltern
Bruder	Kaninchen	Schwester	Geschwister
Onkel		Tante	Brüder
Hund		Katze	Omas
Personalpronomen			
er	es	sie	sie

Ergänze.

1. *Der* Garten ist groß.
2. [?] Großeltern lieben Tiere. [?] haben zwei Hunde.
3. [?] Mutter spricht Italienisch. [?] kommt aus Bozen.
4. [?] Vater ist Lehrer. [?] heißt Günter.
5. [?] Haus ist in Reutte. [?] hat einen Garten.
6. [?] Hund heißt Miro.

Der Bruder heißt Niklas. → **Er** heißt Niklas.
Das Kind heißt Michael. → **Es** heißt Michael.
Die Oma heißt Pauline. → **Sie** heißt Pauline.
Die Eltern heißen Günter und Claudia. → **Sie** heißen Günter und Claudia.

es

sie

Akkusativ: bestimmter und unbestimmter Artikel

Ich habe einen Bruder.
Timo hat ein Kaninchen.
Luca hat eine Schwester.
Oma und Opa lieben Tiere.

		M	N	F	Pl.
Nominativ	best.	der	das	die	die
	unbest.	ein	ein	eine	—
Akkusativ	best.	den	das	die	die
	unbest.	einen	ein	eine	—

Ergänze.

1. Ich habe *einen* Hund.
2. Tina hat [?] Cousin.
3. Herr und Frau Meier haben [?] Kind.
4. Wir haben nur [?] Oma.
5. Tante Emma hat [?] Tochter.
6. Lena mag [?] Katzen, Michael mag [?] Hunde.

Possessivartikel *mein / dein*

maskulin	neutral	feminin	Plural
mein / dein	mein / dein	meine / deine	meine / deine
Vater	Kind	Mutter	Eltern
Bruder	Kaninchen	Schwester	Geschwister
Opa		Oma	Großeltern
Hund		Katze	Haustiere

Ergänze.

1. Das sind *meine* Eltern.
2. [?] Mutter heißt Rebecca.
3. Wie heißt [?] Bruder? [?] Bruder heißt John.
4. [?] Kaninchen heißt Hupsi.

meine Geschwister

Genitiv bei Namen und Präposition *von*

Miro ist Viktoria**s** Hund.
Miro ist der Hund **von** Viktoria.

Verbinde die Sätze mit Genitiv und *von*.

1. Klara hat einen Bruder. Er heißt Mario.
   Der Bruder von Klara / Klaras Bruder heißt Mario.
2. Miri hat einen Freund. Er ist sympathisch.
   ?
3. Fabian hat ein Kaninchen. Es heißt Schnuffi.
   ?

Nationalitäten

Mirko ist Schweizer.	Janine ist Schweizer**in**.
Pablo ist Spanier.	Carmen ist Spanier**in**.
Sami ist **Türke**.	Fatma ist Türk**in**.
Claude ist **Franzose**.	Justine ist Franz**ö**s**in**.
⚠ Martin ist Deutsch**er**.	Hanna ist Deutsch**e**.

Ergänze.

1. der Japaner — die *Japanerin*
2. der Schweizer — die ?
3. der Grieche — die ?
4. der Russe — die ?
5. der Marokkaner — die ?
6. der Pole — die ?

Berufe

der Lehrer	die Lehrer**in**
der Kassierer	die Kassierer**in**
⚠ der Angestellte	die Angestellt**e**
der Kauf**mann**	die Kauf**frau**

Verneinung mit *nicht*

Meine Tante ist verheiratet.
Meine Tante ist **nicht** verheiratet.

Ordne zu.

1. c Mein Onkel ist nicht verheiratet,
2. ? Das ist nicht meine Schwester,
3. ? Meine Großeltern wohnen
4. ? Meine Katze heißt nicht Rita,
5. ? Ich komme aus Freiburg,

a. nicht aus Frankfurt.
b. sie heißt Luna.
c. er ist geschieden.
d. das ist meine Cousine Nicola.
e. nicht weit weg von uns.

→ AB S. 37–38

TRAINING

LESEN

1 Lies den Text und löse dann die Aufgaben.

EINE SPANISCHE FAMILIE IN DEUTSCHLAND

Carmen Ruiz Navarro wohnt in Heidelberg. Sie arbeitet als Übersetzerin. Frau Ruiz Navarro kommt aus Spanien, aus Sevilla. Sie ist verheiratet, ihr Mann heißt Felipe. Er arbeitet als Ingenieur. Frau Ruiz Navarro hat auch zwei Kinder. Manuel ist 16 und Elena ist 10 Jahre alt. Manuel und Elena sind in Deutschland geboren. Sie sprechen perfekt Deutsch und Spanisch. Sie sind also beide zweisprachig.
Zu Hause spricht die Familie Spanisch, Frau Ruiz Navarros Mann spricht nicht so gut Deutsch. „Leider ist mein Deutsch nicht so gut, in der Arbeit spreche ich viel Englisch." „Ja, das stimmt", sagt Frau Ruiz Navarro. „Und Felipe mag Deutschland nicht so gern. Aber ich mag Deutschland sehr. Und Manuel und Elena leben gern in Heidelberg. Sie haben hier viele Freunde, Manuel spielt im Fußballverein ..." „Ja, ich lebe gern hier in Deutschland", sagt Manuel, „aber Urlaub mache ich lieber bei Oma und Opa in Spanien."

a Ist das richtig (R) oder falsch (F)?

	R	F
1. Frau Ruiz Navarro ist in Deutschland geboren.	?	✕
2. Die Familie wohnt in Heidelberg.	?	?
3. Manuel spricht perfekt Deutsch.	?	?
4. Felipe ist Manuels Bruder.	?	?
5. Elena ist zweisprachig.	?	?
6. Felipe spricht kein Wort Deutsch.	?	?
7. Manuel lebt nicht gern in Heidelberg.	?	?
8. Elena ist 14 Jahre alt.	?	?
9. Manuel macht gern Urlaub in Spanien.	?	?

b Antworte.

1. Was macht Frau Ruiz Navarro in Heidelberg?
2. Wo sind Manuel und Elena geboren?
3. Welche Sprache spricht die Familie zu Hause?
4. Welche Sprachen sprechen Manuel und Elena?
5. Spricht Manuels Vater Deutsch?
6. Möchten Manuel und Elena lieber in Spanien leben?
7. Wo macht die Familie Urlaub?

HÖREN

036 **2 Ein Interview. Hör zu und mach Notizen. Stell die Brüder dann vor.**

Namen:	N...
Alter:	?
Wohnort:	?
Herkunft:	?
Eltern:	?
Geschwister:	?
Haustiere:	?

Also, das sind Zwillingsbrüder. Sie heißen ...

SCHREIBEN

3 **Schreib einen Text über deine Familie.**

Meine Eltern heißen ...	...
Meine Eltern sind ...	... Jahre alt.
Mein Vater arbeitet als ...	Angestellter / Manager / Verkäufer ...
Meine Mutter arbeitet als ...	Lehrerin / Kauffrau / Friseurin ...
Ich habe ...	einen Bruder / zwei Brüder / eine Schwester / zwei Schwestern ...
Ich bin ...	ein Einzelkind.
Wir haben Haustiere:	einen Hund / zwei Hunde / eine Katze / drei Goldfische ...
Wir wohnen ...	in einem Haus mit Garten / in einer Wohnung.
Meine Großeltern wohnen ...	(nicht) bei uns / allein.
Mein Opa / Meine Oma ist ...	leider schon gestorben.
	... Jahre alt.

Meine Familie ...

SPRECHEN

4 **Lies die Anzeige und antworte auf die Fragen.**

Wie heißt die Sprachschule?

Wo liegt sie?

Welche Sprachen lernt man dort?

Wie ist die Telefonnummer?

3

VIDEO

VIDEO 03 Wir sind eine Patchworkfamilie

1 **Such die Wörter im Wörterbuch oder im Internet. Was bedeuten sie in deiner Sprache? Übersetze.**

1. der Halbbruder ?
2. den Tisch decken ?
3. der Stiefvater ?
4. die Patchworkfamilie ?
5. fertig ?
6. deswegen ?
7. sogenannte ?
8. die Bürokauffrau ?
9. der Liebling ?

2 **Sieh das Video an. Ist das richtig (R) oder falsch (F)?**

	R	F
1. Max ist 8 Jahre alt.	?	✕
2. Max und Daniel sind Halbbrüder.	?	?
3. Herr Richter ist der Stiefvater von Daniel.	?	?
4. Frau Richter ist die Mutter von Max und Daniel.	?	?
5. Herr und Frau Richter sind nicht verheiratet.	?	?
6. Frau Richter arbeitet in einer Bank.	?	?
7. Frau Richter ist Bürokauffrau.	?	?
8. Lena und Paul sind auch Kinder von Herrn Richter.	?	?
9. Max und Daniel haben einen Hund.	?	?

3 Wer sagt was? Lies die Sätze und ordne sie den Personen zu. Dann sieh dir das Video noch einmal an und kontrolliere.

1. Wir haben eine gemeinsame Mutter.
2. Ich arbeite in einer Bank.
3. Deswegen sind wir Halbbrüder.
4. Wir sind eine sogenannte Patchworkfamilie.
5. Ja, du kannst den Tisch decken.
6. Daniels Vater ist nicht mein Vater, er ist mein Stiefvater.
7. Alle zu Tisch kommen: Essen ist fertig.
8. Wir wohnen hier in Augsburg, in der Jakoberstraße 20.
9. Komm, Fleck, wir spielen.
10. Ich habe noch zwei Kinder.
11. Ich arbeite in einem Büro hier in Augsburg.

Daniel

Max

Herr Richter

Frau Richter

Daniel: 1
...

4 Schreib die Antworten in dein Heft.

1. Wo wohnt Familie Richter?
2. Wie alt sind Max und Daniel?
3. Ist Herr Richter der Vater von Max?
4. Ist Frau Richter die Mutter von Daniel?
5. Was ist Herr Richter von Beruf? Und Frau Richter?
6. Wer deckt den Tisch?
7. Wer sind Paul und Lena?
8. Haben Max und Daniel ein Haustier?

1. Familie Richter wohnt ...

5 Ergänze.

1. *Meine* Mutter ist jetzt mit Daniel [?] Vater verheiratet. Aber Daniels Vater ist nicht [?] Vater, er ist [?] Stiefvater.
2. Ich bin die Mutter [?] Max und Daniel.
3. Ich bin Bürokauf[?] und [?] in einem Büro.
4. Ich habe noch zwei [?]: Lena und Paul. Aber sie wohnen [?] hier ...
5. Wir sind [?] moderne Patchworkfamilie.
6. Wir haben auch [?] Hund. [?] heißt Fleck.

6 Was ist eine Patchworkfamilie? Erkläre in deiner Sprache.

4 Wir gehen shoppen

A Ich gehe heute ins Einkaufszentrum

037 **1 Lea und Hanna telefonieren. Hör zu und ordne dann die Begriffe den Fotos zu.**

1

2

3

(?) ein Einkaufszentrum (?) ein T-Shirt 2 ein Minirock

037 **2 Hör den Dialog noch einmal und bring die Sätze in die richtige Reihenfolge.**

(?) *Hanna* Gut. Dann treffen wir uns direkt dort. Tschüs.
(?) *Hanna* Ich suche ein T-Shirt und einen Minirock. Also, kommst du?
(?) *Hanna* So um 16:00 Uhr? Geht das?
1 *Hanna* Lea, ich gehe heute Nachmittag ins Einkaufszentrum. Kommst du mit?
(?) *Lea* O. k. Um 16:00 Uhr. Bis später.
(?) *Lea* Und was machst du dort?
(?) *Lea* Moment mal, Hanna. Um wie viel Uhr?
(?) *Lea* Ja, gern. Übrigens: Ich brauche auch ein T-Shirt.

038 **3** **Hör zu und sprich nach.**

1. das / ein Kleid

2. das / ein Polohemd

3. die / - Jeans

4. der / ein Rock / Minirock

5. die / eine Hose

6. das / ein Top

7. das / ein T-Shirt

8. die / eine Jacke

9. der / ein Anorak

10. der / ein Pullover

11. die / eine Bluse

12. der / ein Mantel

13. das / ein Sweatshirt

14. die / - Stiefel

15. die / - Freizeitschuhe

4 **Sieh dir die Bilder eine Minute lang an. Mach dann das Buch zu. Wer kann die meisten Kleidungsstücke sagen?**

Verneinung mit *kein* (Nominativ)

ein Pullover	kein Pullover
ein T-Shirt	kein T-Shirt
eine Hose	keine Hose
– Schuhe	keine Schuhe

5 **Ist das …? Ergänze.**

1. ◆ Ist das ein Anorak?
   ○ Nein, das ist doch kein Anorak!
   Das ist eine Jacke!

2. ◆ Ist das ein Sweatshirt?
   ○ Nein, das ist doch (?) Sweatshirt!
   Das ist ein Pullover!

3. ◆ Ist das eine Bluse?
   ○ Nein, das ist doch (?) Bluse!
   Das ist ein Polohemd.

4. ◆ Sind das Jeans?
   ○ Nein, das sind doch (?) Jeans!
   Das ist eine Hose!

6 **Welche Farbe haben die Kleidungsstücke in Aufgabe 3? Spielt Dialoge.**

weiß | schwarz | grau | blau | hellblau | gelb | grün | rosa | rot | braun

1. ◆ Welche Farbe hat der Mantel?
   ○ Er ist blau.

2. ○ Ist das T-Shirt grün?
   ◆ Ja, es ist grün. / Nein, es ist …

Personalpronomen (Nominativ)

der Pullover	→ er
das T-Shirt	→ es
die Hose	→ sie
die Schuhe	→ sie

039 **7 Verbinde und schreib Sätze wie im Beispiel.**

1. das Kleid
2. die Bluse
3. der Pullover
4. das T-Shirt
5. die Jeans
6. der Minirock
7. das Polohemd
8. die Freizeitschuhe

a. Es ist sehr elegant.
b. Sie sind modern.
c. Es ist sportlich.
d. Sie ist altmodisch.
e. Er ist blau.
f. Es ist praktisch.
g. Sie sind bequem.
h. Er ist sehr kurz.

Das T-Shirt ist praktisch.

039 **8 Zur Kontrolle: Hör zu und vergleiche.**

→ AB S. 39–41

B Ich kaufe den Minirock

040 **9 Hör zu und sprich nach.**

10 Und was kaufst du? Spielt Dialoge wie oben.

1. der Pullover 👍 die Bluse 👎
2. das Kleid 👍 die Hose 👎
3. die Jeans 👍 der Anorak 👎
4. der Pullover 👍 das Sweatshirt 👎
5. die Stiefel 👍 die Freizeitschuhe 👎

Nominativ	Akkusativ
der Pullover	den Pullover
das T-Shirt	das T-Shirt
die Hose	die Hose
die Schuhe	die Schuhe

11 Spielt Dialoge.

- Wie findest du den Pullover?
- Ich finde den Pullover praktisch.

hässlich – altmodisch – unpraktisch – unbequem – teuer
schön – modisch – praktisch – bequem – billig

041 12 Hör zu und notiere die Preise.

un-
modern ⟷ **un**modern
praktisch ⟷ **un**praktisch

finden

ich	finde
du	find**est**

13 Spielt Dialoge.

- Schau mal, der Pullover ist so schön. Wieviel kostet er denn?
- Er kostet nur 29 €. Kaufst du den Pullover?
- Ja, ich kaufe den Pullover.

042 14 Wie lautet der Plural? Hör zu und ergänze.

1. ein Minirock, zwei Minir*ö*ck*e*
2. eine Hose, zwei Hose [?]
3. ein Polohemd, zwei Polohemd [?]
4. ein Pullover, zwei Pullover [?]
5. ein T-Shirt, zwei T-Shirt [?]
6. eine Jacke, zwei Jacke [?]
7. ein Kleid, zwei Kleid [?]
8. ein Mantel, zwei M [?] ntel [?]
9. ein Schuh, zwei Schuh [?]
10. ein Top, zwei Top [?]

Plural

-(e)n	das Hemd	→ die Hemd**en**
-e / ¨-e	der Schuh	→ die Schuh**e**
-er	das Kleid	→ die Kleid**er**
- / ¨	der Pullover	→ die Pullover
-s	das T-Shirt	→ die T-Shirt**s**

15 Luisas Kleiderschrank. Ergänze.

www.teenies-forum.com

Hallo Leute, das ist mein Kleiderschrank. Ich habe sooo viele Sachen!
Seht mal: Ich habe drei [?] *(Rock)* und zwei [?] *(Kleid)*. Und hier sind sieben [?] *(T-Shirt)*, fünf [?] *(Polohemd)* und zwei [?] *(Bluse)*. Da sind zwei [?] *(Pullover)* und drei [?] *(Sweatshirt)*. Und dann habe ich natürlich noch Jeans und drei [?] *(Hose)*.
Und ihr? Wie viele Sachen habt ihr? Ich bin neugierig.
Luisa

16 So viele Kleidungsstücke! Macht eine Kettenübung.

Was kaufst du? → Ich kaufe einen Pullover. Was kaufst du? → Ich kaufe einen Pullover und zwei Hosen. Und was kaufst du? → Ich kaufe einen Pullover, zwei Hosen und drei T-Shirts. Und was kaufst du? → ...

→ AB S. 41–44

C Hungrig nach dem Shoppen

043 🔊 **17** **Hör zu, lies mit und sprich nach.**

BURGERKÖNIG
DAS BURGER RESTAURANT

Speisen	
Bratwurst	3,50 €
Currywurst	3,80 €
Hamburger	3,90 €
Salat	2,90 €
Schinkenbrot	2,50 €
Veggie Burger	3,50 €
Portion Pommes	2,50 €
Portion Ketchup	0,50 €
Getränke	
Cola	2,90 €
Mineralwasser	2,70 €
Apfelsaft	2,50 €
Kaffee	2,70 €
Tee	2,30 €

ESSEN

die Bratwurst

der Salat

das Schinkenbrot

die Portion Pommes

der Veggie Burger

18 **Spielt Dialoge.**

1. ◆ Was nimmst du?
   ○ Ich nehme eine Bratwurst.
2. ◆ Hanna, was trinkst du?
   ○ Ich trinke einen Apfelsaft.
3. ◆ Was kostet ein Salat?
   ○ Er kostet 2,90 €.

nehmen e → i
ich nehme du nimmst

19 **Spielt Dialoge.**

1. ◆ Hast du Hunger? Möchtest du etwas essen?
   ○ Ja, ich habe Hunger. Ich nehme eine Bratwurst.
2. ◆ Hast du Durst? Möchtest du etwas trinken?
   ○ Ja, ich habe Durst. Ich möchte ein Mineralwasser.

möchten
ich möchte du möchtest

044 🔊 **20** **Hör zu, lies mit und sprich nach.**
Hanna und Lea gehen nicht ins Burger-Restaurant, sondern ins Café …

Café Bravo

Kaffee	2,70 €
Espresso	2,20 €
Cappuccino	3,10 €
Tee	2,40 €
Schokolade	3,00 €
Cola	2,50 €
Mineralwasser	2,50 €
Apfelsaft	2,50 €
Stück Kuchen	2,80 €
Portion Sahne	0,90 €

21 **Spielt Dialoge.**

GETRÄNKE

die Cola | das Mineralwasser | die (heiße) Schokolade | der Apfelsaft | der Kaffee | der Tee

- ◆ Nimmst du einen Espresso?
- ○ Nein, keinen Espresso. Ich nehme einen Tee. Und du?
- ◆ Ich trinke ein Mineralwasser und esse ein Stück Kuchen. Möchtest du auch ein Stück Kuchen?
- ○ Ja, gern. / Nein, danke.

Verneinung mit *kein* (Akkusativ)	
einen Espresso	keinen Espresso
ein Mineralwasser	kein Mineralwasser
eine Schokolade	keine Schokolade

→ AB S. 44–48

PROJEKT

Was kann man in einem Burger-Restaurant oder einem Café bestellen? Recherchiere mit deinem Partner / deiner Partnerin im Internet und schreib dann Dialoge wie in Aufgabe 20 oder 21.

- ◆ Ich nehme einen Zitronen-Eistee. Und du?
- ○ Ich nehme ein Spezi und eine Portion Süßkartoffel-Pommes.

LANDESKUNDE

Was kaufen die Deutschen gern online?

Lies die Statistik und berichte dann in der Klasse.

Kleidung	62 %
Bücher und Medien	58 %
Elektronik	55 %
Flüge	41 %
Schuhe	35 %
Tickets	52 %
Medikamente	30 %
Möbel	24 %
Essen	9 %

Essen kaufen die Deutschen nicht gern online. Nur 9 % der Deutschen kaufen nämlich Essen online.

62 % der Deutschen kaufen gern Kleidung online.

AUSSPRACHE

045 1. Welche Silbe ist betont (●)? Hör zu und klopf mit.

	●	● •	• ●	• • ●	● • •
1.		modisch			
2.	schön				
3.		praktisch			
4.				elegant	
5.	kurz				
6.			bequem		
7.					unbequem
8.					altmodisch
9.		hässlich			
10.			modern		
11.		sportlich			

Klopf bei der betonten Silbe stark auf den Tisch. Bei unbetonten Silben nur leicht.

045 2. Hör noch einmal, klopf mit und sprich mit.

046 3. Hör zu und sprich nach. Achte auf den Satzakzent.

- Was ist das?
- Das ist ein Pullover.
- Pullover? Wie schreibt man das?
- Mit Doppel-l und v.
- Aha. Und was ist das? Ist das eine Jacke?
- Nein, das ist keine Jacke. Das ist ein Anorak.

Ist eine Information im Satz neu oder wichtig? Dann ist hier der Satzakzent.

DAS KANN ICH SCHON!

◆ Ist das ein Pullover / Minirock?	○ Nein, das ist kein Pullover / Minirock.
◆ Ist das ein T-Shirt / Kleid?	○ Nein, das ist kein T-Shirt / Kleid.
◆ Ist das eine Hose / Jacke?	○ Nein, das ist keine Hose / Jacke.
◆ Sind das Freizeitschuhe?	○ Nein, das sind keine Freizeitschuhe.

◆ Wie ist der Anorak / Mantel?	○ Er / Es / Sie ist elegant. / modisch.
◆ Wie ist das Top / Polohemd?	schön. / praktisch.
◆ Wie ist die Bluse / Jacke?	bequem. / altmodisch.
◆ Wie sind die Schuhe / Jeans?	○ Sie sind hässlich. / unpraktisch.

◆ Welche Farbe hat ...	○ ... ist grün / rot / blau / gelb / ...

◆ Wie findest du den Pullover / Anorak?	○ Ich finde den Pullover elegant. / modisch. / praktisch.
◆ Wie findest du das T-Shirt / Top?	○ Ich finde das T-Shirt hässlich.
◆ Wie findest du die Hose / Jacke?	○ Ich finde die Hose bequem.
◆ Wie findest du die Jeans / Schuhe?	○ Ich finde die Jeans schön. / ...

◆ Kaufst du den Pullover / Anorak?	○ Ja, ich kaufe den Pullover / Anorak.
◆ Kaufst du das T-Shirt / Polohemd?	○ Ja, ich kaufe das T-Shirt / Polohemd.
◆ Kaufst du die Jacke / Hose?	○ Nein, ich kaufe die Jacke / Hose nicht.
◆ Kaufst du die Jeans / Stiefel?	○ Nein, ich kaufe die Jeans / Stiefel nicht.

◆ Was brauchst du?	○ Ich brauche einen Pullover. / ein T-Shirt. / eine Jacke. / – Jeans.

◆ Hast du Hunger / Durst?	○ Ja, ich habe Hunger / Durst.
	○ Nein, ich habe keinen Hunger / Durst.

◆ Was möchtest du essen?	○ Ich möchte einen Hamburger. / ein Schinkenbrot. / eine Bratwurst.

◆ Was nimmst du?	○ Ich nehme einen Cappuccino / Hamburger / Saft. / ein Stück Kuchen / Mineralwasser. / eine Cola / Bratwurst.

◆ Nimmst du einen Espresso?	○ Nein, danke, ich nehme keinen Espresso.
◆ Nimmst du ein Mineralwasser?	○ Nein, danke, ich nehme kein Mineralwasser.
◆ Nimmst du eine Bratwurst?	○ Nein, danke, ich nehme keine Bratwurst.

◆ Was kostet ...?	○ Er / Es / Sie kostet ... €.

4

GRAMMATIK AUF EINEN BLICK

Verben

	nehmen e → i
ich	nehme
du	nimmst
er / es / sie	nimmt
wir	nehmen
ihr	nehmt
sie / Sie	nehmen

Ich nehme ein Stück Kuchen. Und was nimmst du?

✔ **Ergänze.**

treffen

treffe
[?]
[?]
[?]
[?]
[?]

	finden
ich	finde
du	findest
er / es / sie	findet
wir	finden
ihr	findet
sie / Sie	finden

Wie findest du die Bluse? Ich finde sie modisch.

✔ **Ergänze.**

kosten

[?]
[?]
[?]
[?]
[?]
[?]

	möchte
ich	möchte
du	möchtest
er / es / sie	möchte
wir	möchten
ihr	möchtet
sie / Sie	möchten

✔ **Ergänze.**

1. Was *möchtest* du essen, Valentin?
2. Mara [?] Fußballspielerin werden.
3. Wir [?] jetzt Eis, Mama!
4. Frau Stein [?] heute shoppen gehen.

Personalpronomen im Nominativ

der Pullover → Er ist praktisch.
das T-Shirt → Es ist praktisch.
die Bluse → Sie ist altmodisch.
die Schuhe → Sie sind bequem.

✔ **Ergänze.**

1. ◆ Wie findest du die Stiefel? ○ *Sie* sind sehr schön!
2. ◆ Wie findest du die Bluse? ○ [?] ist altmodisch!
3. ◆ Der Anorak ist so teuer. ○ Was kostet [?] denn?
4. ◆ Das Polohemd ist praktisch, oder? ○ Ja, [?] ist sehr praktisch.
5. ◆ Der Rock ist sehr billig. Ich kaufe ihn! ○ Was kostet [?] denn?

Nominativ: bestimmter und unbestimmter Artikel

Der Pullover ist kurz.
Das Kleid ist elegant.
Die Jacke ist modern.
Die Freizeitschuhe sind bequem.

Ein Apfelsaft kostet 2,50 €.
Ein Schinkenbrot kostet 2,50 €.
Eine Bratwurst kostet 3,50 €.

Akkusativ: bestimmter und unbestimmter Artikel

Ich kaufe den Pullover.
Frau Meier kauft das Kleid.
Lea kauft die Jacke.
Wir kaufen die Freizeitschuhe.

Ich trinke einen Apfelsaft.
Ich möchte ein Schinkenbrot.
Ich nehme eine Bratwurst.

		maskulin	neutral	feminin	Plural
Nominativ	bestimmt	der	das	die	die
	unbestimmt	ein	ein	eine	–
Akkusativ	bestimmt	den	das	die	die
	unbestimmt	einen	ein	eine	–

Ergänze.

1. ◆ Ich trinke *eine* Cola. Und du? Trinkst du ? Mineralwasser oder ? Apfelsaft?
2. ○ Apfelsaft? Nein, nein, ich nehme ? Tee. Oder ? Cappuccino? Nein, ich nehme ? Schokolade!
3. ◆ Kimiko, komm, wir gehen shoppen! Ich brauche ? Mantel oder ? Jacke. Und ich brauche ? Schuhe. Und ich möchte auch ? Top oder ? Bluse.
4. ○ Wow! So viel! Ich brauche ? Hose. Los, wir gehen!
5. ◆ Ich finde ? Mantel sehr elegant. Und ? Freizeitschuhe finde ich sehr praktisch.
6. ○ Ja, stimmt. Kaufst du auch ? Top und ? Jacke? Oder lieber ? Rock und ? T-Shirt?

4

GRAMMATIK AUF EINEN BLICK

Verneinung mit *kein* und *nicht*

***kein* + Nomen**

◆ Ist das ein Sweatshirt?
○ Nein, das ist kein Sweatshirt.

◆ Trinkst du einen Kaffee?
○ Nein, ich trinke keinen Kaffee.

***nicht* + Adjektiv**

◆ Ist das Kleid elegant?
○ Nein, das Kleid ist nicht elegant.

***nicht* + Verb**

◆ Kaufst du das Top?
○ Nein, das Top kaufe ich nicht.

Ergänze: *kein* / *keine* oder *nicht*?

1. Der Hamburger ist *nicht* gut.
2. Ich kaufe den Pullover ?.
3. Das ist ? Polohemd.
4. Das sind ? Stiefel.
5. Ich komme heute ?.
6. Timo trinkt ? Bier.

Das ist **kein** T-Shirt.
Das ist ein Kleid.

Die Jeans sind **nicht** kurz.

Ich kaufe das T-Shirt **nicht**.

~~kaufen~~

Plural

das Kleid	-er	die Kleid**er**
das Buch	¨er	die B**ü**ch**er**
der Salat	-e	die Salat**e**
der Saft	¨e	die S**ä**ft**e**
die Jacke	-n	die Jacke**n**
der Hamburger	-	die Hamburger
der Mantel	¨	die M**ä**ntel
das Handy	-s	die Handy**s**

das Buch → die Bücher

Ergänze.

1. der Schuh	*-e*	*die Schuhe*
2. der Rock	?	?
3. die Bluse	?	?
4. die Hose	?	?
5. der Pullover	?	?
6. das T-Shirt	?	?
7. das Top	?	?

→ AB S. 48–49

TRAINING

LESEN

1 Was stimmt? Lies die Anzeigen und kreuze an.

www.kleidertauscher.de

1

Wer kauft meinen Rock?

Er ist superschön, aber ich finde ihn nicht so praktisch. Nur einmal getragen!

10,00 €
Marke: Zoop
Größe: 38
Farbe: blau

anfragen kaufen Favoriten

2

Jeans zu verkaufen

Sie sind wirklich sehr bequem. Aber die Farbe finde ich nicht so schön. Der Preis ist super! Ein Schnäppchen!

25,00 €
Marke: Lemi's
Größe: 32
Farbe: rot

anfragen kaufen Favoriten

3

T-Shirt - total neu

Das T-Shirt ist ein Geschenk von meiner Tante, die Farbe ist toll. Es ist echt schön, aber leider viel zu groß! Ich habe Größe M und das T-Shirt ist Größe XL!

5,00 €
Marke: M&H
Größe: XL
Farbe: gelb

anfragen kaufen Favoriten

1. Mias Rock ...
   (?) **a.** ist unpraktisch.
   (?) **b.** ist hässlich.
   (?) **c.** ist unmodern.

2. Mias Jeans ...
   (?) **a.** sind unbequem.
   (?) **b.** sind billig.
   (?) **c.** sind teuer.

3. Mias T-Shirt ...
   (?) **a.** ist kurz.
   (?) **b.** ist praktisch.
   (?) **c.** ist schön.

SCHREIBEN

2 Bring die Sätze in die richtige Reihenfolge und schreib dann eine E-Mail an Mia.

(?) **a.** Grüße.
(?) **b.** Der Preis ist o. k.
(?) **c.** Wo können wir uns treffen?
(?) **d.** Ich finde deine Jeans interessant.
(1) **e.** Ich habe deine Anzeige gesehen.
(?) **f.** Ich möchte die Jeans sehen und anprobieren.

Hallo Mia,

4

TRAINING

LESEN

3 Meinungen. Was sagen die Leute zum Thema Fastfoodrestaurants? Wer ist dafür? Wer ist dagegen? Notiere die Namen.

www.iss-hier.de

FRANZ HAAG

Ich finde Fastfoodrestaurants gar nicht gut! Wie vor ein paar tausend Jahren isst man dort mit Fingern! Man isst schnell und das Essen ist ungesund. Und die Getränke haben viel zu viel Zucker!

EVA KLEINHANS

Ich finde, McEat ist für Touristen sehr praktisch. Die Speisen sind überall gleich, egal wo man ist: in New York, Kiev, Rom oder Tokio. So hat man keine Überraschungen!

MARIA

Ich bin Vegetarierin. Aber manchmal gehe ich trotzdem mit Freunden zu McEat. Ja, denn McEat hat nicht nur Hamburger und Pommes. Es gibt auch Salate. Und die sind gesund.

ALEX

Nach der Schule gehe ich manchmal zu McEat. Meine Mutter sagt aber, das Essen ist nicht so gesund, es hat zu viel Fett. Mag sein, aber Hamburger und Pommes mag ich sehr!

JULIAN

McEat, ich mag dich einfach! Ich gehe gern und oft zu McEat. Ich mag Hamburger in allen Variationen: mit Käse, Salat oder Tomate. Und ich finde die Preise o. k.

dafür	dagegen
	Franz Haag

SPRECHEN

4 Bildet zwei Gruppen: für oder gegen Fastfoodrestaurants? Sprecht in der Klasse.

Fastfoodrestaurants sind gar nicht gut.

Fastfoodrestaurants sind für Touristen praktisch.

Kann sein, aber ich mag Hamburger mit Pommes!

HÖREN

047 **5 Was essen / trinken Fabian, Lara und Mesut in der Pause? Hör zu und mach Notizen.**

Ich esse / trinke ...

1. einen Schokoriegel
2. eine Banane
3. ein Schinkenbrot
4. einen Saft
5. einen Apfel
6. ein Stück Kuchen
7. einen Joghurt
8. eine Cola

1. Mesut

SPRECHEN

6 Und du? Was isst du in der Pause? Und was trinkst du?

VIDEO

VIDEO 04 An der Wurstbude

1 **Sieh den ersten Videoteil an (00:00 - 00:47). Schreib dann passende Sätze. Achtung: Es gibt nur vier korrekte Sätze.**

Hanna	geht	in den Jugendclub.
Fabian	hat	ins Restaurant.
		shoppen.
		zu Julia.
		Hunger.
		keinen Hunger.
		Durst.
		keinen Durst.

2 **Sieh den zweiten Videoteil an (00:48 - 02:56). Ergänze.**

1. Fabian nimmt *eine Bratwurst* mit (?) und eine Portion (?).
2. Fabian nimmt auch (?).
3. Hanna isst (?), sie nimmt aber (?).
4. Fabian bezahlt insgesamt (?) €.
5. Eine (?) kostet (?) €.
6. Eine Portion (?) kostet (?) €.
7. Eine (?) kostet (?) €.
8. Zwei (?) kosten (?) €.

3 **Wer sagt was? Lies die Sätze und ordne sie den Personen zu. Sieh dann das Video noch einmal an und kontrolliere.**

1. Ich habe so einen Hunger.
2. Ich komme mit, aber ich esse nichts.
3. Klein oder groß?
4. Darf es was zu trinken sein?
5. Was nimmst du denn?
6. Ich weiß nicht, ich bin unentschlossen.
7. Danke schön. Und einen Euro zurück.
8. Was macht das?
9. Ich hätte gern eine Bratwurst.
10. Und? Wie schmeckt's?
11. Gern. Mit Senf oder Ketchup?
12. Aber eine Cola nehme ich auch gern.

Fabian

Hanna

Fabian: 1
...

Verkäuferin

4 **Ordne zu.**

1. Fabian geht in den Jugendclub,
2. Fabian hat Hunger
3. Hanna hat keinen Hunger,
4. Fabian nimmt eine Bratwurst mit Senf
5. Fabian bezahlt insgesamt 9 €,

a. sie nimmt nur eine Cola.
b. er zahlt auch Hannas Cola.
c. Hanna geht zu Julia.
d. und er möchte etwas essen.
e. und eine Portion Pommes.

1. c

5 Hier wohne ich!

A Das ist unsere Wohnung

Das ist unsere neue Wohnung. Sie ist im Moment noch leer, aber morgen kommen unsere Möbel! Die Wohnung liegt im Zentrum. Sie ist ziemlich groß und sehr schön: 110 Quadratmeter [m^2]! Sie hat drei Schlafzimmer (endlich ein eigenes Zimmer) und ein Wohnzimmer. Sie hat natürlich auch eine Küche, ein Badezimmer und eine Toilette. Sehr schön finden wir den Balkon. Die Wohnung liegt im dritten [3.] Stock. Die Nachbarn sind nett und auch die Gegend ist schön: Es gibt einen Park in der Nähe.

1 Lies den Text und schreib Sätze.

Die Wohnung von Martin	ist hat liegt	eine Küche. drei Schlafzimmer. im Zentrum. eine Toilette. ziemlich groß. einen Balkon. im dritten Stock. sehr schön.

Die Wohnung von Martin ist ziemlich groß.

....

....

unser / euer

der Balkon	→ unser / euer Balkon
das Haus	→ unser / euer Haus
die Wohnung	→ unsere / eure Wohnung
die Zimmer	→ unsere / eure Zimmer

048 **2 Zur Kontrolle: Hör zu und sprich nach.**

3 **Antworte.**

Wohnst du in einem Haus oder in einer Wohnung?
Wie groß ist euer Haus / eure Wohnung?
Wie viele Zimmer hat euer Haus / eure Wohnung?
Hat euer Haus / eure Wohnung einen Garten / einen Balkonn / eine Terrasse ...?
Ist euer Haus / eure Wohnung groß / klein / gemütlich / schön ...?
Wie sind die Nachbarn? Nett / (un)sympathisch ...

4 **Beschreibt euer Haus / eure Wohnung.**

Ich wohne in einer Wohnung. Sie ist nicht groß. Sie hat ...

Ich wohne in einem Haus mit Garten. Das Haus ist groß. Es hat ...

5 **Spielt Dialoge.**

das Wohnzimmer

das Schlafzimmer

die Küche

das Bad

der Balkon

das Arbeitszimmer

die Terrasse

der Garten

- Gefällt dir das Wohnzimmer?
  - Ja, das Wohnzimmer gefällt mir. Es ist sehr schön.
  - Nein, das Wohnzimmer gefällt mir nicht. Es ist ungemütlich.

😃 schön	gemütlich	groß	hell	praktisch
☹ hässlich	ungemütlich	klein	dunkel	unpraktisch

Personalpronomen (Dativ)
ich → mir
du → dir

gefallen

Gefällt dir { der ... / das ... / die ... } ?

Ja, er / es / sie gefällt mir.

6 **Wählt eine Anzeige, lest und macht Notizen ins Heft.**

www.immobilienbuero.de

A

2-Zimmer-Appartement in der Fußgängerzone von Freiburg, 51 m². Die Wohnung ist klein, aber sehr praktisch: Wohnküche, Schlafzimmer, Arbeits- bzw. Gästezimmer, Bad mit Dusche und Wanne, Balkon. Die Wohnung liegt im 4. Stock mit Lift.
Miete: 820 € / Monat

B

Haus (5 Zimmer: groß und sehr modern) mit Garten (600 m²) in Freising (Nähe München).
Das Haus ist sehr geräumig (144 m²) und hat drei Schlafzimmer, Wohnzimmer, Arbeitszimmer, Küche, zwei Bäder, Toilette und einen Keller.
Miete: 2080 € / Monat

C

Reihenhaus am Stadtrand von Nürnberg, gute Verbindungen in die Innenstadt.
Vier Zimmer: drei Schlafzimmer, Wohnzimmer, Küche, zwei Bäder. Wohnfläche: 106 m². Keller, Garage. Garten: 290 m².
Miete: 1390 € / Monat

D

1-Zimmer-Wohnung in Berlin / Kreuzberg, 29 m²: Wohnküche, Schlafzimmer, Bad.
Ideal für Studenten und Singles. U-Bahn-Station ganz nah (zwei Gehminuten).
Miete: 490 € / Monat

Was?	Wo?	Wie viele Zimmer?	Wie groß?	Wie teuer?
A Wohnung	*Freiburg*	?	?	?
B Haus mit Garten	?	?	?	?
C Reihenhaus	?	?	?	?
D Wohnung	?	?	?	?

7 **Beschreibt die Wohnungen bzw. Häuser.**

Anzeige A ist eine 2-Zimmer-Wohnung. Sie liegt in Freiburg, in der Fußgängerzone. Sie hat 2 Zimmer ...

Anzeige B ist ein Haus mit Garten. Es liegt in Freising bei München ...

Anzeige D ...

Anzeige C ...

→ AB S. 50-53

B Wohin kommen die Möbel?

049 **8** **Hör zu und sprich nach.**

9 **Sieh die Bilder eine Minute lang an. Mach dann das Buch zu. Wer kann die meisten Möbel sagen?**

Wortbildung: zusammengesetzte Nomen

die Bücher + das Regal = das Bücherregal
die Kleider + der Schrank = der Kleiderschrank
⚠
essen + der Tisch = der Esstisch
stehen + die Lampe = die Stehlampe
einkaufen + das Zentrum = das Einkaufszentrum

10 **Spielt Dialoge.**

1. ◆ Ist das ein Sofa?
   ○ Nein, das ist kein Sofa, sondern ein Bett.
2. ◆ Ist der Sessel grün?
   ○ Nein, er ist nicht grün, sondern gelb.

sondern

Das ist kein Sofa, **sondern** ein Bett.
Ich wohne nicht in einer Wohnung, **sondern** in einem Haus mit Garten.

11 **Spielt Dialoge.**

hässlich – bequem – nützlich – altmodisch – (un)praktisch – (un)bequem – groß – modern

Personalpronomen (Akkusativ)

den Sessel	→ ihn
das Sofa	→ es
die Lampe	→ sie
die Stühle	→ sie

050 **12** **Hör zu und lies mit. Was ist richtig? Kreuze an.**

1. ? Wo ☒ Wohin kommt das Sofa?
2. Das Sofa kommt ? in die Küche. ? ins Wohnzimmer.
3. Kommt der Tisch auch ? ins Wohnzimmer? ? in den Wohnzimmer?
4. Nein, der Tisch kommt ? in die Küche. ? auf die Küche.

	helfen e → i
ich	helfe
du	hilfst
er / es / sie	hilft

◆ Hilfst du mir?
○ Ja, klar. Ich helfe dir.

Wohin? → *in* + Akkusativ

ins Wohnzimmer
in die Küche
in den Flur
auf den Balkon
auf die Terrasse

13 **Spielt Dialoge wie in Aufgabe 12.**

1. der Sessel → das Schlafzimmer – der Fernseher → die Küche
2. der Schreibtisch → das Kinderzimmer – das Bücherregal → das Wohnzimmer
3. die Mikrowelle → die Küche – die Stühle → die Terrasse
4. der Geschirrspüler → die Küche – der Tisch → der Balkon
5. die Lampe → das Schlafzimmer – der Teppich → das Wohnzimmer

Der Sessel kommt ins Schlafzimmer.

051 **14** **Wie lautet der Plural? Hör zu und ergänze. Hör noch einmal und kontrolliere.**

1. ein Tisch, zwei *Tische*
2. ein Stuhl, zwei ?
3. ein Sofa, zwei ?
4. ein Zimmer, zwei ?
5. ein Bad, zwei ?
6. eine Wohnung, zwei ?
7. ein Sessel, zwei ?
8. eine Lampe, zwei ?
9. ein Regal, zwei ?
10. eine Kommode, zwei ?
11. ein Geschirrspüler, zwei ?
12. ein Haus, zwei ?
13. ein Schrank, zwei ?
14. eine Mikrowelle, zwei ?

→ AB S. 54–57

LANDESKUNDE

Häuser in Deutschland

Was ist das? Ordne zu.

1 b

2 ?

3 ?

4 ?

5 ?

a. So ein Haus ist typisch deutsch und heißt **Fachwerkhaus**. Ein Fachwerkhaus hat ein Skelett aus Holz. In Deutschland sieht man viele Fachwerkhäuser.
b. Das ist ein bayerisches **Bauernhaus**. Auf dem Balkon sind viele Blumen. Hier wohnen oft Bauern: Sie haben viele Tiere, vor allem viele Kühe.
c. Das ist ein **Einfamilienhaus**. Ein Einfamilienhaus hat oft einen Garten. In einem Einfamilienhaus wohnt nur eine Familie.
d. Das ist ein **Wohnhaus** in einer Stadt. Die meisten Wohnungen sind Mietwohnungen. In der Stadt sind die Mieten teuer.
e. Ein **Hochhaus** ist sehr hoch: circa 30 Meter! Hier sind oft keine Wohnungen, sondern Büros. In Frankfurt am Main zum Beispiel siehst du viele Hochhäuser.

C Mein neues Zimmer!

15 Lies die E-Mail und antworte auf die Fragen.

Liebe Justine,

endlich schreibe ich dir wieder ... Ich habe Neuigkeiten: Ich wohne nicht mehr in der Erhardstraße, sondern in der Auguststraße, und zwar seit zwei Wochen. Die Wohnung gefällt mir: Sie ist ziemlich groß. Und mein neues Zimmer ist toll! Es ist groß und hell. Endlich kann ich in Ruhe lernen, im Internet surfen, chatten, Videos anschauen und Musik hören! Meine Schwester Tina hat jetzt auch ein eigenes Zimmer. Es gibt also keinen Streit mehr!
Ihr Zimmer ist ein bisschen klein, hat aber ein Stockbett!
Mein Zimmer ist jetzt auch ein Treffpunkt für meine Freunde. Ich habe jetzt oft Besuch. Aber das ist kein Problem, es ist genug Platz in meinem Zimmer.
Übrigens: Meine Eltern machen eine Party. Kommst du auch? Die Party ist in drei Wochen.
Schreib mir bitte bald!

Grüße
Martin

1. Seit wann wohnt Martin in der Auguststraße?
2. Wie ist Martins Zimmer?
3. Was macht Martin in seinem Zimmer?
4. Was bedeutet der Satz: „Mein Zimmer ist ein Treffpunkt für meine Freunde“?
5. Wie ist Tinas Zimmer?
6. Martins Eltern planen eine Party. Wann ist die Party?
7. Was fragt Martin Justine?

sein / ihr

der Balkon	→ sein / ihr Balkon
das Zimmer	→ sein / ihr Zimmer
die Wohnung	→ seine / ihre Wohnung
die Zimmer	→ seine / ihre Zimmer

052 **16 Tinas Zimmer. Ergänze den Text. Dann hör zur Kontrolle.**

höre | Kleiderschrank | ~~gefällt~~ | mag | bequem | Hausaufgaben | Stockbett | surfe | Schrank

Mein Zimmer (1) *gefällt* mir sehr gut. Ich bin gern hier. Ich finde das (2) ? lustig: Ich schlafe unten. Das Bett ist sehr (3) ?. In meinem Zimmer mache ich meine (4) ?, (5) ? Musik, lese und (6) ? im Internet. Ich habe einen (7) ?. Der ist aber viel zu klein. Meine Mutter sagt aber, der (8) ? ist o. k. Ich habe einfach zu viele Kleider. Ich (9) ? mein Zimmer!

17 Tinas Zimmer, Martins Zimmer. Ist das richtig (R) oder falsch (F)?

	R	F
1. Ihr Zimmer ist groß.	?	⊗
2. Sein Zimmer ist groß.	?	?
3. Ihr Bett ist ein Stockbett.	?	?
4. Sein Zimmer ist dunkel.	?	?

18 **Dein Zimmer. Welche Möbelstücke hast du?**

	einen	ein	eine	zwei, drei ...
	?	*Bett*	?	?
Ich habe	?	?	?	?
	?	?	?	?

19 **Beschreibe dein Zimmer.**

Hast du ein eigenes Zimmer?
Wie ist dein Zimmer?
Was hast du dort?
Was machst du dort?
Welche Farben haben deine Möbel?
Magst du dein Zimmer?

→ AB S. 58–59

AUSSPRACHE

053 **1. Hör zu und sprich nach.**

ä: gefällt, Bäder, Fläche, Mädchen, Nähe
e: endlich, Sessel, jetzt, Moment, Mikrowelle

Du schreibst: *ä* oder *e*
Du sagst: kurzes e

054 **2. Langer oder kurzer Vokal? Hör zu und kreuze an.**

	lang	kurz
1. kommen	?	⊗
2. wohnen	?	?
3. nehmen	?	?
4. gern	?	?
5. Bett	?	?
6. mehr	?	?
7. Stuhl	?	?
8. sehr	?	?
9. sechs	?	?
10. geht	?	?

⚠ Vokal + *h* =
langer Vokal

055 **3. Hör zu und sprich nach. Achte auf den Wortakzent.**

1. **Bü**cher + Re**gal** = **Bü**cherregal
2. **Schin**ken + **Brot** = **Schin**kenbrot
3. **Klei**der + **Schrank** = **Klei**derschrank
4. **schrei**ben + **Tisch** = **Schreib**tisch

DAS KANN ICH SCHON!

- Wo wohnst du?
  - Ich wohne { in einer Wohnung mit Balkon. / in einem Haus mit Garten. }

- Wie ist euer Haus / eure Wohnung?
  - Es / Sie ist { schön. / groß. / klein. / hell. / geräumig. / (un)gemütlich. / dunkel. / hässlich. }

- Wie viele Zimmer hat euer Haus / eure Wohnung?
  - Es / Sie hat { zwei / drei / vier } Zimmer: { zwei Schlafzimmer. / ein Wohnzimmer. / eine Küche. / eine Toilette. / ein Bad. / einen Keller. }

- Gefällt dir euer Haus / eure Wohnung?
  - Ja, es / sie gefällt mir sehr.
  - Nein, es / sie gefällt mir nicht.

- Wie findest du { den Schreibtisch / Schrank / Teppich / Fernseher / ...? / das Sofa / Bücherregal / Bett / ...? / die Lampe / Mikrowelle / Kommode / ...? / die Stühle? }
  - Ich finde { ihn / es / sie / sie } { (un)praktisch. / (un)bequem. / hässlich. / modern. / altmodisch. / nützlich. / schön. }

- Wohin kommt { der Schreibtisch / Schrank / Teppich / Fernseher / ...? / das Sofa / Bett / Bücherregal / ...? / die Lampe / Mikrowelle / Kommode / ...? }
- Wohin kommen die Stühle ...?
  - Er / Es / Sie kommt
  - Sie kommen
  - { in den Keller / Flur. / auf den Balkon. / ins Wohnzimmer / Schlafzimmer / Bad. / in die Küche. / auf die Terrasse. }

- Hilfst du mir?
  - Ja, ich helfe dir.

- Hast du ein eigenes Zimmer?
  - Ja, ich habe ein eigenes Zimmer.

◆ Wie ist dein Zimmer? Welche Möbelstücke hast du?	○ Ich habe	einen Schrank / PC / Schreibtisch / Stuhl / … ein Bett / Regal / … eine Lampe / Kommode / … zwei / drei Stühle / …
◆ Wie ist sein / ihr Zimmer?	○ Sein / Ihr Zimmer ist	schön. groß. klein. hell. dunkel. (un)gemütlich.

PROJEKT

Projekt 1

Willkommen bei mir zu Hause!

Mach mit deinem Smartphone ein Video und beschreibe dein Zuhause.

Projekt 2

Beschreibe dein Zimmer / dein Zuhause.

Dein Partner / Deine Partnerin macht die Zeichnung.
Vergleicht dann die Zeichnungen.
Stimmt alles?

5

GRAMMATIK AUF EINEN BLICK

Verben

	gefallen a → ä	helfen e → i
ich	gefalle	helfe
du	gefällst	hilfst
er / es / sie	gefällt	hilft
wir	gefallen	helfen
ihr	gefallt	helft
sie / Sie	gefallen	helfen

◆ **Gefällt** dir meine Wohnung / mein Zimmer?
○ Ja, sie / es **gefällt** mir sehr gut.

✓ Ergänze.

1. ◆ Wie *gefällt* dir mein PC?
   ○ Er [?] mir sehr gut.
2. ◆ Wie [?] dir die Stühle?
   ○ Sie [?] mir nicht. Sie sind unbequem.
3. ◆ Tom, [?] du mir?
   ○ Ja, klar. Ich [?] dir.

Personalpronomen im Dativ

ich → mir
du → dir

✓ Ergänze.

1. ◆ Wie findest du den Pulli? ○ Er gefällt [?] gut.
2. ◆ Er gefällt [?]? Echt? Der ist doch hässlich!
3. ◆ Hilfst du [?]? ○ Ja, klar.

Personalpronomen 3. Person Singular und Plural im Akkusativ

	maskulin	neutral	feminin	Plural
Nominativ	er	es	sie	sie
Akkusativ	ihn	es	sie	sie

◆ Wie findest du den Tisch?
○ Ich finde ihn praktisch.

◆ Wie findest du das Sofa?
○ Ich finde es bequem.

◆ Wie findest du die Kommode?
○ Ich finde sie altmodisch.

◆ Wie findest du die Stühle?
○ Ich finde sie unbequem.

✓ Ergänze.

1. ◆ Wie findest du den *Sessel* ?
   ○ Ich finde [?] [?].
2. ◆ Wie findest du das [?]?
   ○ Ich finde [?] [?].
3. ◆ Wie findest du die [?]?
   ○ Ich finde [?] [?].
4. ◆ Wie findest du die [?]?
   ○ Ich finde [?] [?].

Fragewort *Wohin?* und die Präpositionen *in* und *auf*

◆ Wohin kommt der Tisch?

○ Er kommt { in den Flur. / ins Wohnzimmer. / in die Küche. / auf den Balkon. / auf die Terrasse.

Ergänze frei.

1. Das Bett kommt (?).
2. Die Stühle kommen (?).
3. Der Schrank kommt (?).
4. Das Regal kommt (?).

Possessivartikel *sein / ihr / unser / euer*

maskulin	neutral	feminin	Plural
sein / ihr	sein / ihr	seine / ihre	seine / ihre
unser / euer	unser / euer	unsere / eure	unsere / eure
Garten	Haus	Wohnung	Zimmer
Tisch	Bad	Lampe	Regale

Sein Zimmer ist groß und hell.

Ihr Zimmer ist klein.

Kreuz an.

1. Das ist ☒ unser (?) unsere Haus.
2. Hier ist (?) unser (?) unsere Küche, hier (?) unser (?) unsere Wohnzimmer und hier ist (?) unser (?) unsere Balkon – der ist schön!
3. (?) Sein (?) Seine Zimmer ist groß und hell. Martin findet es toll!
4. Wow, (?) euer (?) eure Garten ist so groß! Und wo sind (?) euer (?) eure Zimmer?

Satzstellung: Inversion

Position 1	Position 2	Position 3	
Deine Wohnung	**gefällt**	mir	sehr.
Mir	**gefällt**	deine Wohnung	sehr.
Ich	**finde**	deine Wohnung	schön.
Deine Wohnung	**finde**	ich	schön.

Ergänze.

1. Martins Wohnung liegt in der Erhardstraße.
   In der Erhardstraße ....
   ....
2. Ich finde den Sessel sehr bequem.
   Den Sessel ....
   ....
3. Die Stühle kommen auf den Balkon.
   Auf den Balkon ....
   ....

5

GRAMMATIK AUF EINEN BLICK

Konjunktion *sondern*

Der Sessel kommt nicht ins Schlafzimmer, **sondern** ins Wohnzimmer.
Das ist kein Stuhl, **sondern** ein Sessel.

✓ Schreib Sätze.

1. Bett ↛ Badezimmer → Schlafzimmer. [?].
2. Lampe ↛ Küche → Wohnzimmer. [?].
3. Stühle ↛ Wohnzimmer → Terrasse. [?].

Plural

das Haus das Bad	¨-er	die Häuser die Bäder
der Tisch der Teppich das Regal	-e	die Tische die Teppiche die Regale
der Stuhl der Schrank	¨-e	die Stühle die Schränke
die Stehlampe die Mikrowelle die Küche	-n	die Stehlampen die Mikrowellen die Küchen
der Geschirrspüler der Fernseher das Zimmer	-	die Geschirrspüler die Fernseher die Zimmer
das Sofa das Handy die CD	-s	die Sofas die Handys die CDs

✓ Ergänze.

1. Ich habe zwei *(Regal)* *Regale* .
2. Wir haben zwei *(Lampe)* [?].
3. Für die Küche brauchen wir noch zwei *(Stuhl)* [?].
4. Im Wohnzimmer liegen zwei *(Teppich)* [?].
5. Die Wohnung hat drei *(Zimmer)* [?].
6. Unsere Küche hat zwei *(Schrank)* [?].
7. Die Wohnung hat zwei *(Bad)* [?].
8. Martin hat viele *(CD)* [?].

der Stuhl — die Stühle

Wortbildung: zusammengesetzte Nomen

die Bücher + das Regal = das Bücherregal
die Kleider + der Schrank = der Kleiderschrank
⚠ essen + der Tisch = der Esstisch
stehen + die Lampe = die Stehlampe
einkaufen + das Zentrum = das Einkaufszentrum

die Bücher + 

das Regal = 

das Bücherregal

✓ Schreib die Wörter mit Artikel.

1. wohnen + das Zimmer = [?]
2. wohnen + das Haus = [?]
3. schlafen + das Zimmer = [?]
4. die Stadt + der Rand = [?]
5. die Freizeit + die Schuhe = [?]

→ AB S. 59–60

TRAINING

LESEN

1 Wie finden die Leute das Hotel Atrium in Hamburg? Lies die Bewertungen und ordne zu.

Franz
●●●●○
30 👍 8

+ Das Zimmer war o. k., sauber und geräumig.
− Frühstücksraum zu klein. Kein Safe im Zimmer.

Johanna
●●●●○
21 👍 10

+ Die Lage ist ideal, nur 5 Gehminuten zum Rathausplatz.
− W-LAN im Zimmer funktioniert nicht immer.

Klaus
●●●○○
50 👍 24

+ Die Mitarbeiter sind sehr freundlich, der Service ist sehr gut. Guter Preis!
− Badezimmer leider zu klein und nicht immer sauber. Keine Minibar im Zimmer.

Martina
●●●○○
2 👍 5

+ Das Hotel ist sehr schön, die Einrichtung modern und die Atmosphäre toll.
− Ich finde das Frühstück zu teuer: 18 €!

1. *Martina* findet das Hotel modern.
2. (?) findet das Hotel nicht so teuer.
3. (?) findet die Lage des Hotels sehr gut.
4. (?) findet das Badezimmer nicht so groß.
5. (?) findet die Zimmer groß.
6. (?) findet den Preis für das Frühstück zu hoch.
7. (?) gefällt der Frühstücksraum nicht so sehr: Es ist wenig Platz da.
8. (?) findet die Internetverbindung nicht gut.

HÖREN

056 **2 Im Immobilienbüro. Herr Scholz sucht eine Wohnung oder ein Haus in Nürnberg. Hör zu und mach Notizen.**

PETER IMMOBILIEN AG

Königstraße 46 | 90402 Nürnberg | Tel.: 0911/2278601
E-Mail: peter.immo.ag@frei.com | www.immopeter.de

Kunde:
Vorname / Name: (?) Adresse: (?)
Telefon / Handy: (?) E-Mail: (?)

Haustyp:
(?) Reihenhaus (?) Einfamilienhaus (?) Wohnung (?) Villa

Anzahl der Zimmer:
(?) Küche (?) Wohnzimmer (?) Arbeitszimmer (?) Schlafzimmer ((?))
(?) Bad / Toilette ((?)) (?) Garten (?) Garage (?) Balkon / Terrasse

Miete/Monat (maximal): Euro (?)

5

TRAINING

SCHREIBEN

3 Eine neue Wohnung. Schreib eine E-Mail an deine Freundin Lisa.

Seit wann wohnst du in der neuen Wohnung? (seit einer Woche, einem Monat, zwei Monaten ...)
Wo liegt die Wohnung? (im Zentrum, am Stadtrand, ...)
Wie groß ist die neue Wohnung? Wie viele Zimmer hat sie?
Wie ist dein Zimmer?

Liebe Lisa,
meine Familie hat eine neue Wohnung. Wir wohnen jetzt ...

SPRECHEN

4 Sommerurlaub in Garmisch. Du suchst eine Ferienwohnung. Spielt das Telefongespräch mit Frau Bauer. Fragt zum Beispiel das:

Ferienwohnung in Garmisch
von Juni bis August zu vermieten.
Ideal für Familien mit Kindern.
Infos: Frau Bauer, Tel.: 0171/2276396

Ist die Ferienwohnung im Juli frei? –
Wie groß ist die Ferienwohnung? –
Wie viele Zimmer? – Balkon / Terrasse? –
Sind Tiere erlaubt? – Preis?

Bauer am Apparat. Grüß Gott!

Guten Tag, Frau Bauer. Ich suche eine Ferienwohnung. Ich habe noch Fragen.

Gern. Wie kann ich helfen?

Also ...

VIDEO

VIDEO 05 Ich wohne in einer WG

1 **Sieh den ersten Videoteil an (00:00 - 00:57). Ergänze dann den Text.**

Franziska ist (1) *21* Jahre alt. Sie studiert (2) ? in (3) ?. In Berlin bezahlt man für eine 3-Zimmer-Wohnung (4) ? € pro Monat. In einer (5) ? kann man die Kosten teilen und wohnt nicht (6) ?, sondern mit anderen Leuten zusammen.

2 **Sieh den zweiten Videoteil an (00:58 - 03:25). Bring die Szenen in die richtige Reihenfolge.**

a ?

b ?

c ?

d ?

e ?

3 **Ist das richtig (R) oder falsch (F)?**

		R	F
1.	Franziskas Zimmer ist 20 m² groß.	⊗	?
2.	Franziska hat einen Fernseher in ihrem Zimmer.	?	?
3.	Martina findet, eine WG ist die ideale Lösung für Studenten.	?	?
4.	Tabea ist Studentin und wohnt auch in der WG.	?	?
5.	Franziska kauft Lebensmittel für alle.	?	?
6.	Franziska, Martina und Tabea kochen immer zusammen.	?	?
7.	Diese Woche ist Martina für das Bad zuständig.	?	?
8.	Diese Woche putzt Franziska jeden Tag die Badewanne.	?	?
9.	Tabea ist nicht da, sie ist in der Uni.	?	?
10.	Die WG liegt in Berlin, in der Schönhauser Allee 75.	?	?

4 **In einer WG wohnen - was findest du gut, was findest du nicht gut? Sprecht in der Klasse.**

😃	🙁
nicht so teuer	*man teilt das Bad*
zusammen essen	*nicht so ruhig*
...	...

Ich finde WGs super.
Die Miete ist nicht so teuer!

Ich finde WGs nicht so gut.
Man teilt das Bad.

Grammatikübersicht

1 Verben

1a Regelmäßige Verben

	wohnen	kommen	spielen	heißen	machen
ich	wohn-**e**	komm-**e**	spiel-**e**	heiß-**e**	mach-**e**
du	wohn-**st**	komm-**st**	spiel-**st**	heiß-**t**	mach-**st**
er / es / sie	wohn-**t**	komm-**t**	spiel-**t**	heiß-**t**	mach-**t**
wir	wohn-**en**	komm-**en**	spiel-**en**	heiß-**en**	mach-**en**
ihr	wohn-**t**	komm-**t**	spiel-**t**	heiß-**t**	mach-**t**
sie / Sie	wohn-**en**	komm-**en**	spiel-**en**	heiß-**en**	mach-**en**

genauso: *gehen, lernen*

1b Unregelmäßige Verben

	arbeiten	unterrichten	finden
ich	arbeit-**e**	unterricht-**e**	find-**e**
du	arbeit-**est**	unterricht-**est**	find-**est**
er / es / sie	arbeit-**et**	unterricht-**et**	find-**et**
wir	arbeit-**en**	unterricht-**en**	find-**en**
ihr	arbeit-**et**	unterricht-**et**	find-**et**
sie / Sie	arbeit-**en**	unterricht-**en**	find-**en**

genauso: *kosten*

1c Verben mit Vokalwechsel

	fahren a → ä	treffen e → i	sprechen e → i	nehmen e → i	geben e → i	sehen e → ie
ich	fahr-**e**	treff-**e**	sprech-**e**	nehm-**e**	geb-**e**	seh-**e**
du	fähr-**st**	triff-**st**	sprich-**st**	nimm-**st**	gib-**st**	sieh-**st**
er / es / sie	fähr-**t**	triff-**t**	sprich-**t**	nimm-**t**	gib-**t**	sieh-**t**
wir	fahr-**en**	treff-**en**	sprech-**en**	nehm-**en**	geb-**en**	seh-**en**
ihr	fahr-**t**	treff-**t**	sprech-**t**	nehm-**t**	geb-**t**	seh-**t**
sie / Sie	fahr-**en**	treff-**en**	sprech-**en**	nehm-**en**	geb-**en**	seh-**en**

genauso: *ich helfe, du hilfst …; ich lese, du liest …; ich gefalle, du gefällst …*

1d Unregelmäßige Verben: *sein, haben, wissen*

	sein	haben	wissen
ich	**bin**	habe	weiß
du	**bist**	**hast**	weiß-**t**
er / es / sie	**ist**	**hat**	weiß
wir	**sind**	haben	wiss-**en**
ihr	**seid**	habt	wiss-**t**
sie / Sie	**sind**	haben	wiss-**en**

1e Unregelmäßige Verben: *mögen, möchten*

	mögen	möchten
ich	mag	möcht-**e**
du	mag-**st**	möcht-**est**
er / es / sie	mag	möcht-**e**
wir	mög-**en**	möcht-**en**
ihr	mög-**t**	möcht-**et**
sie / Sie	mög-**en**	möcht-**en**

2 Nomen

2a Genus

der	Film, Park, Supermarkt	maskulin
das	Kino, Fußballspiel, Schwimmbad	neutral
die	Eisdiele, Party, Schule	feminin

2b Plural

	Singular	Plural
-e	der Tisch der Schuh das Regal	die Tische die Schuhe die Regale
¨-e	der Stuhl der Rock der Saft	die Stühle die Röcke die Säfte
-n	die Lampe die Bluse die Jacke	die Lampen die Blusen die Jacken
-en	das Hemd die Übung	die Hemden die Übungen

	Singular	Plural
-	der Lehrer der Pullover das Zimmer	die Lehrer die Pullover die Zimmer
¨	der Mantel der Vater die Mutter	die Mäntel die Väter die Mütter
-er	das Kind das Bild das Kleid	die Kinder die Bilder die Kleider
¨-er	das Bad das Buch	die Bäder die Bücher
-s	das Sofa das Handy das T-Shirt	die Sofas die Handys die T-Shirts

3 Artikel

3a Bestimmter Artikel im Nominativ und Akkusativ

	Nominativ		Akkusativ	
maskulin	der Hund	Der Hund heißt Black.	den Hund	Ich suche den Hund von Timo.
neutral	das Buch	Das Buch kostet 20 €.	das Buch	Ich kaufe das Buch.
feminin	die Tasche	Die Tasche ist praktisch.	die Tasche	Ich finde die Tasche praktisch.
Plural	die Hunde die Taschen die Bücher	Die Hunde sind klein. Die Taschen sind schön. Die Bücher kosten 30 €.	die Hunde die Taschen die Bücher	Ich suche die Hunde. Ich mag die Taschen. Ich kaufe die Bücher.

3b Unbestimmter Artikel im Nominativ und Akkusativ

	Nominativ		Akkusativ	
maskulin	ein Kaffee	Ein Kaffee kostet 2,20 €.	einen Kaffee	Ich trinke einen Kaffee.
neutral	ein Kleid	Ein Kleid ist teuer.	ein Kleid	Ich habe ein Kleid.
feminin	eine Wurst	Eine Wurst kostet 3,80 €.	eine Wurst	Ich nehme eine Wurst.
Plural	die Schuhe	Schuhe sind schön.	die Schuhe	Ich kaufe gern Schuhe.

3c Possessivartikel im Nominativ

maskulin		neutral		feminin		Plural	
mein	Pullover	mein	Zimmer	meine	Schwester	meine	Freunde
dein	Pullover	dein	Zimmer	deine	Schwester	deine	Freunde
sein	Pullover	sein	Zimmer	seine	Schwester	seine	Freunde
ihr	Pullover	ihr	Zimmer	ihre	Schwester	ihre	Freunde
unser	Garten	unser	Zimmer	unsere	Schwester	unsere	Freunde
euer	Garten	euer	Zimmer	eure	Schwester	eure	Freunde

Hannas Zimmer ist modern. Ihr Zimmer gefällt mir.
Die Freunde von Sami kommen aus Berlin. **Seine Freunde** kommen aus Berlin.

4 Pronomen

4a Personalpronomen im Nominativ und Akkusativ 3. Person Singular

Nominativ		Akkusativ	
Der Pullover ist praktisch.	Er ist praktisch.	Ich kaufe den Pullover.	Ich kaufe ihn.
Das Top ist modisch.	Es ist modisch.	Ich kaufe das Top.	Ich kaufe es.
Die Hose ist elegant.	Sie ist elegant.	Ich kaufe die Hose.	Ich kaufe sie.
Die Schuhe sind schön.	Sie sind schön.	Ich kaufe die Schuhe.	Ich kaufe sie.

4b Personalpronomen Dativ 1./2. Person Singular

Wie geht's **dir**?	Es geht **mir** gut, danke.
Gefällt **dir** mein Smartphone?	Ja, es gefällt **mir** sehr.
Hilfst du **mir**?	Ja, ich helfe **dir**.

4c Indefinitpronomen *man*

◆ Was spricht **man** in der Schweiz?
○ In der Schweiz spricht **man** Deutsch, Französisch und Italienisch.

5 Fragewörter

Wo?	Wohin?	Woher?
Ich bin **in** Berlin.	Ich fahre **nach** Berlin.	Ich komme **aus** Berlin.
Ich wohne **in** Deutschland.	Ich fahre **nach** Deutschland.	Ich komme **aus** Deutschland.
Ich wohne **in der** Schweiz.	Ich fahre **in die** Schweiz.	Ich komme **aus der** Schweiz.
Ich bin **zu** Hause.	Ich gehe **ins** Kino.	
	Ich gehe **in die** Schule.	
	Ich gehe **in den** Jugendclub.	
	Ich gehe **auf den** Balkon.	

Wann?
Der Unterricht beginnt **um** 8:00 Uhr.
Am Vormittag gehe ich in die Schule. **Am** Nachmittag bin ich zu Hause.

6 Präpositionen

6a Lokale Präpositionen mit Akkusativ: *in* und *auf*

Wohin gehst du?	In den Park, Supermarkt. Ins Kino, Café. In die Musikschule, Disco.
Wohin kommt der Stuhl?	Auf den Balkon Auf die Terrasse.

6b Temporale Präpositionen *um* und *am*

Um wie viel Uhr / Wann hast du Chorprobe?	**Um** drei Uhr.
Wann gehst du ins Einkaufszentrum?	**Am** Nachmittag.

6c Genitiv bei Namen und die Präposition *von*

Miro ist Viktoria**s** Hund.
Miro ist der Hund **von** Viktoria.

Das ist Viktoria**s** Familie.
Das ist die Familie **von** Viktoria.

7 Satzstellung

7a Aussagesatz

Position 1	Position 2	Position 3
Ich	komme	aus Berlin.
Lea	wohnt	in München.
Wir	spielen	heute Nachmittag im Park.

7b *Ja/Nein*-Fragen

Position 1	Position 2	Position 3
Kommst	du	aus Berlin?
Wohnt	Lea	in München?
Spielen	wir	heute Nachmittag im Park?

7c *W*-Fragen

Position 1	Position 2	Position 3	Position 4
Wer	bist	du?	
Was	machst	du	heute Abend?
Was	kostet	das T-Shirt?	
Wie	heißt	du?	
Wie alt	bist	du?	
Wo	wohnt	Justine?	
Woher	kommt	Luca?	
Wohin	gehen	wir	heute Nachmittag?
Wann	gehst	du	in den Jugendclub?

7d Inversion

Position 1	Position 2	Position 3	Position 4
Heute	essen	wir	in der Mensa.
In Österreich	spricht	man	Deutsch.
Natürlich	gehe	ich	in die Schule.

8 Verneinung

8a Verneinung mit *kein*

Nominativ		Akkusativ	
kein Mantel	Das ist kein Mantel.	keinen Mantel	Ich brauche keinen Mantel.
kein T-Shirt	Das ist kein T-Shirt.	kein T-Shirt	Ich kaufe heute kein T-Shirt.
keine Hose	Das ist keine Hose.	keine Hose	Ich habe keine Hose.
keine Schuhe	Das sind keine Schuhe.	keine Schuhe	Ich kaufe keine Schuhe.

8b Verneinung mit *nicht*

Das Kleid ist **nicht** schön.
Ich komme heute **nicht**.
Julian spielt **nicht** Volleyball, sondern Fußball.

9 Wortbildung

9a Zusammengesetzte Nomen

die Kleider + der Schrank	→	der Kleiderschrank
der Fuß + der Ball	→	der Fußball
essen + der Tisch	→	der Esstisch
der Sport + die Hose	→	die Sporthose
stehen + die Lampe	→	die Stehlampe
der Mittag + das Essen	→	das Mittagessen
der Schinken + das Brot	→	das Schinkenbrot
wohnen + das Zimmer	→	das Wohnzimmer
der Sport + die Schuhe	→	die Sportschuhe

9b Nationalitäten und Berufe

⚠ Österreicher	Österreicherin
⚠ Türke	Türkin
⚠ Deutscher	Deutsche
⚠ Lehrer	Lehrerin
⚠ Angestellter	Angestellte
⚠ Kaufmann	Kauffrau

10 Konjunktion *sondern*

Der Sessel kommt nicht ins Schlafzimmer. Er kommt ins Wohnzimmer.
Der Sessel kommt nicht ins Schlafzimmer, **sondern** ins Wohnzimmer.

Das ist kein T-Shirt. Das ist ein Poloshirt.
Das ist kein T-Shirt, **sondern** ein Poloshirt.

Glossar

- Die alphabetische Wortliste enthält die Wörter dieses Kursbuches mit Nennung der Lektion und der Aufgabennummer. Angegeben ist jeweils das erste Vorkommen in den Lektionen.
  Beispiel: die **Band, -s** 1 TR, 1
  Das Wort *Band* kommt erstmals in *Lektion 1, Training, Aufgabe 1* vor.
- Angaben in Klammern geben Zusatzinformationen zum Kontext, Beispiel: *als (arbeiten als)*
- -e, -en, -er (etc.) = Endung im Plural / ¨ = Plural mit Umlaut / - = Plural wie Singular
- Nomen mit der Angabe (Sg.) verwendet man in der Regel nur im Singular.
- Nomen mit der Angabe (Pl.) verwendet man in der Regel nur im Plural.
- Folgende Abkürzungen werden verwendet:
  AU = Aussprache LK = Landeskunde PR = Projekt TR = Training VD = Video

A

der **Abend, -e** 2 13
aber 1 TR, 1
Ach so 1 1
acht 1 7
achtzehn 1 7
achtzig 1 9
die **Adresse, -n** 1 16
der **Akkusativ (Sg.)** 2 17
aktiv 3 1
alle 2 4
alle 4 TR, 3
allein 3 TR, 3
das **Alphabet, -e** 1 21
als (arbeiten als) 2 18
als 1 TR, 4
also 2 VD, 3
alt 1 14
das **Alter (Sg.)** 1 18
altmodisch 4 6
am Apparat 5 TR, 4
andere/r 5 VD, 1
anfragen 4 TR, 1
die/der **Angestellte, -** 3 19
der **Anorak, -s** 4 3
anprobieren 4 TR, 2
anschauen 5 15
antworten 2 6
die **Anzahl (Sg.)** 5 TR, 2
die **Anzeige, -n** 4 TR, 2
der **Apfel, ¨** 4 TR, 5
der **Apfelsaft, ¨e** 4 17
der **Apparat, -e (*hier:* Telefon)** 5 TR, 4
das **Appartement, -s** 5 6
das **Arabisch** 3 6
die **Arbeit, -en (in der Arbeit)** 3 TR, 1
arbeiten 1 TR, 4
das **Arbeitszimmer, -** 5 5
der **Architekt, -en** 3 19
die **Architektin, -nen** 3 19
der **Arzt, ¨e** 3 19
die **Ärztin, -nen** 3 19
die **Atmosphäre (Sg.)** 5 TR, 1
auch 1 TR, 1
auf (auf Deutsch) 2 TR, 1
Auf Wiedersehen 1 23
der **August (Sg.)** 5 TR, 4
aus 1 1

B

backen 2 VD, 1
das **Bad, ¨er** 5 5
die **Badewanne, -n** 5 VD, 3
das **Badezimmer, -** 5 1
der **Bahnhof, ¨e** 2 VD, 2
bald 5 15
der **Balkon, -e** 5 1
die **Banane, -n** 4 TR, 5
die **Band, -s** 1 TR, 1
die **Bank, -en (Geldinstitut)** 3 VD, 2
die **Bassgitarre, -n** 2 TR, 1
der **Bauer, -n** 5 LK
die **Bäuerin, -nen** 5 LK
das **Bauernhaus, ¨er** 5 LK
bayerisch 5 LK
bedeuten 5 15
beginnen 2 12
bei 1 18
bequem 4 6
der **Beruf, -e** 3 19
Besuch haben 5 15
besuchen (Schule) 1 18
das **Bett, -en** 5 8
bezahlen 4 VD, 2
das **Bild, -er** 2 VD, 1
billig 4 11
bis dann 1 23
bitte 1 22
blau 1 VD, 6
die **Blume, -n** 5 LK
die **Bluse, -n** 4 3
Bozen 3 1
der **Brasilianer, -** 3 16
die **Brasilianerin, -nen** 3 16
Brasilien 1 PR
die **Bratwurst, ¨e** 4 17
brauchen 4 2
braun 4 6
der **Bruder, ¨** 3 1
das **Buch, ¨er** 2 1
das **Bücherregal, -e** 5 8
buchstabieren 1 22
der **Burger, -** 4 17
das **Büro, -s** 5 LK
die **Bürokauffrau, -en** 3 VD, 1

C

das **Café, -s** 2 LK
der **Cappucino, -s** 4 20
chatten 1 18
die **Chorprobe, -n** 2 12
die **Clique, -n** 2 4
die **Cola, -s** 4 17
der **Cousin, -s** 3 10
die **Cousine, -n** 3 10
die **Currywurst, ¨-e** 4 17

D

da (... den Minirock da?) 4 9
da sein (anwesend sein) 5 VD, 3
dafür 4 TR, 3
dagegen 4 TR, 3
danke 1 6
Danke schön 4 VD, 3
dann 2 13
darf es ... sein? 4 VD, 3
das 2 9
dauern 1 16
dein/deine 1 11
den Tisch decken 3 VD, 1
denn 2 TR, 1
deswegen 3 VD, 3
das **Deutsch** 3 6
Deutsch 1 18
die/der **Deutsche, -** 3 16
Deutschland 1 1
der **Deutschlehrer, -** 1 18
die **Deutschlehrerin, -nen** 1 18
die **Diele, -n** 2 AU, 2
dieselbe 2 TR, 3
dir 5 5
die **Disco, -s** 2 TR, 3
dort 2 13
drei 1 7
dreißig 1 9
dreizehn 1 7
dritter/dritte (3.) 5 1
du 1 1
dunkel 5 5
der **Durst (Sg.)** 4 VD, 1
die **Dusche, -n** 5 6

E

echt 4 TR, 1
egal 4 TR, 3
eigener/eigene 5 1
ein bisschen 2 TR, 1
ein/eine 1 VD, 3
einfach (ich mag dich einfach) 4 TR, 3
das **Einfamilienhaus, ¨-er** 5 LK
einhundert 1 9
einkaufen 5 9
das **Einkaufszentrum, -en** 2 TR, 1
einmal 2 VD, 4
einrichten 5 12
die **Einrichtung (Sg.) (Möblierung)** 5 TR, 1
eins 1 7
eintausend 1 9
das **Einzelkind, -er** 1 VD, 3
die **Eisdiele, -n** 2 14
elegant 4 6
die **Elektronik (Sg.)** 4 LK
elf 1 7
Eltern (Pl.) 3 1
die/das **E-Mail, -s** 2 TR, 1
die **E-Mail-Adresse, -n** 2 TR, 1
endlich 5 1
England 1 PR
das **Englisch** 3 6
Englisch 2 18
Entschuldigung! 4 17
er 1 18
erlauben 5 TR, 4
es 4 6
es geht 1 6
es gibt 3 1
es ist (+ Uhrzeit) 2 8
der **Espresso, -s** 4 20
essen 2 13
das **Essen, -** 2 13
der **Esstisch, -e** 5 8
etwas 4 19
euch 2 VD, 3
euer/eure 5 1

F

das **Fachwerkhaus, ¨-er** 5 LK
die **Fahrradtour, -en** 2 VD, 1
die **Familie, -n** 3 1
der **Fan, -s** 1 VD, 3
die **Farbe, -n** 4 6
fast 3 1
das **Fastfoodrestaurant, -s** 4 TR, 3
faulenzen 2 LK
der **Favorit, -en** 4 TR, 1
der **FC Bayern** 1 VD, 3
die **Ferienwohnung, -en** 5 TR, 4
Fernsehen gucken 2 1
der **Fernseher, -** 5 8
fertig 3 VD, 1
das **Fett (Sg.)** 4 TR, 3
der **Film, -e** 2 12
finden 2 TR, 1
der **Finger, -** 4 TR, 3
fit 3 1
das **Fitnesszentrum, -en** 2 14
der **Flug, ¨-e** 4 LK
der **Foodblog, -s** 2 VD, 1
fragen 2 6
Frankreich 1 3
der **Franzose, -n** 3 16
die **Französin, -nen** 3 16
das **Französisch** 3 6
die **Frau, en** 1 15
frei (ist die Wohnung frei?) 5 TR, 4
Freiburg 2 4
Freising 2 18
die **Freizeit (Sg.)** 1 18
Freizeitschuhe (Pl.) 4 3
die **Fremdsprache, -n** 2 TR, 1
der **Freund, -e** 1 18
freundlich 5 TR, 1
der **Friseur, -e** 3 19
die **Friseurin, -nen** 3 19
das **Frühstück, -e** 5 TR, 1
der **Frühstücksraum, ¨-e** 5 TR, 1
fünf 1 7
fünfzehn 1 7

fünfzig 1 9
funktionieren 5 TR, 1
für 4 TR, 3
der **Fußball, ¨-e** 1 18
das **Fußballspiel, -e** 2 12
der **Fußballspieler, -** 1 18
die **Fußballspielerin, -en** 1 18
der **Fußballverein, -e** 3 TR, 1
die **Fußgängerzone, -n** 5 6

G

ganz (sehr) 5 6
ganz (vollständig) 2 TR, 1
gar 4 TR, 3
die **Garage, -n** 5 6
der **Garten, ¨** 3 1
das **Gästezimmer, -** 5 6
geboren 3 12
geboren sein 1 VD, 5
gefallen (mir gefällt) 5 5
die **Gegend, -en** 5 1
gehen 2 1
gehen (geht das?) 4 2
die **Gehminute, -n** 5 6
gehören 3 1
gelb 4 6
gemeinsame/r 3 VD, 3
gemütlich 5 3
genug 5 15
geräumig 5 6
gern 1 18
das **Geschenk, -e** 4 TR, 1
geschieden 3 10
der **Geschirrspüler, -** 5 8
Geschwister (Pl.) 1 VD, 1
gestorben 3 10
gesund 4 TR, 3
das **Getränk, -e** 4 17
die **Gitarre, -n** 1 18
gleich 4 TR, 3
der **Goldfisch, -e** 3 1
grau 4 6
der **Grieche, -n** 3 16
Griechenland 3 6
die **Griechin, -nen** 3 16
das **Griechisch** 3 6
groß 3 1
Großbritannien 1 5
die **Größe, -n** 4 TR, 1
Großeltern (Pl.) 3 1
grün 4 6
Grüß dich 1 1
Grüß Gott 5 TR, 4
der **Gruß, ¨-e** 4 TR, 2
gut 1 6
das **Gymnasium, -ien** 1 18

H

das **Haar, -e** 1 VD, 6
haben 2 18
halb 2 9
der **Halbbruder, ¨-er** 3 VD, 1
Hallo 1 1
Hamburg 1 1
der **Hamburger, -** 4 17
der **Hamster, -** 3 PR
der **Handball, ¨-e** 2 4
das **Handy, -s** 1 16
die **Handynummer, -n** 1 11
hässlich 4 11
das **Haus, ¨-er** 3 1
die **Hausaufgabe, -n** 2 1
das **Haustier, -e** 3 1
der **Haustyp, -en** 5 TR, 2
heißen 1 1
helfen 5 12
hell 5 5
hellblau 4 6
das **Hemd, -en** 4 14
die **Herkunft (Sg.)** 1 TR, 4
heute 2 1
hier 2 TR, 1
der **Hip-Hop (Sg.)** 1 VD, 3
das **Hobby, -s** 1 18
hoch 5 LK
das **Hochhaus, ¨-er** 5 LK
das **Holz (Sg.)** 5 LK
hören 1 18
die **Hose, -n** 4 3
das **Hotel, -s** 5 TR, 1
der **Hund, -e** 3 1
der **Hunger (Sg.)** 4 17
hungrig 4 17

I

ich 1 1
ideal 5 6
die **Idee, -n** 2 16
ihr 2 1
im Moment 1 TR, 4
immer 5 TR, 1
in 1 16
in Ruhe 5 15
die **Info, -s** 3 TR, 4
der **Informatiker, -** 1 18
die **Informatikerin, -nen** 1 18
der **Ingenieur, -e** 3 19
die **Ingenieurin, -nen** 3 19
inlineskaten 2 TR, 1
die **Innenstadt, ¨-e** 5 6
insgesamt 4 VD, 2
interessant 4 TR, 2
das **Internet (Sg.)** 1 18
die **Internetverbindung, -en** 5 TR, 1
interviewen 2 18
Irland 1 PR
Italien 1 3
der **Italiener, -** 3 1
die **Italienerin, -nen** 3 1

J

ja 1 2
die **Jacke, -n** 4 3
das **Jahr, -e** 1 14
Jeans (Pl.) 4 3
jede/n 5 VD, 3
jetzt 5 12
joggen 1 18
der **Joghurt, -s** 4 TR, 5
der **Jugendclub, -s** 2 14
der **Juli (Sg.)** 5 TR, 4
der **Junge, -n** 1 TR, 2
der **Juni (Sg.)** 5 TR, 4

K

der **Kaffee, -s** 4 17
der **Kanarienvogel, ¨** 3 4
das **Kaninchen, -** 3 4
der **Käse, -** 4 TR, 3
der **Kassierer, -** 3 1
die **Kassiererin, -nen** 3 1
die **Katze, -n** 3 1
kaufen 4 9
die **Kauffrau, -en** 3 19
der **Kaufmann, ¨er** 3 19
kein Wort 3 8
kein/keine 2 18
der **Keller, -** 5 6
der **Kellner, -** 3 19
die **Kellnerin, -nen** 3 19
kennenlernen 2 TR, 1
das **Ketchup (Sg.)** 4 17
das **Keyboard, -s** 2 TR, 1
das **Kind, -er** 2 18
das **Kinderzimmer, -** 5 8
das **Kino, -s** 2 1
klar 5 12
die **Klasse, -n** 1 TR, 1
die **Klassik (Sg.)** 1 18
das **Kleid, -er** 4 3
der **Kleiderschrank, ¨e** 4 15
die **Kleidung (Sg.)** 4 LK
klein 1 VD, 3
kochen 5 VD, 3
kommen 1 1
die **Kommode, -n** 5 8
können 2 TR, 1
der **Kontakt, -e** 1 VD, 1
das **Konzert, -e** 2 12
kosten 1 16
Kosten (Pl.) 5 VD, 1
Kroatien 3 6
das **Kroatisch** 3 6
die **Küche, -n** 5 1
der **Kuchen, -** 2 VD, 1
die **Kuh, ¨e** 5 LK
der **Kühlschrank, ¨e** 5 8
der **Kunde, -n** 5 TR, 2
die **Kundin, -nen** 5 TR, 2
kurz 4 6

L

die **Lage (Sg.)** 5 TR, 1
die **Lampe, -n** 5 9
das **Land, ¨er** 3 17
lang (Haare) 1 VD, 6
lange (temporal) 1 16
Lebensmittel (Pl.) 5 VD, 3
leer 5 1
der **Lehrer, -** 3 19
die **Lehrerin, -nen** 3 19
leider 3 10
lernen 1 18
lesen 2 1
Leute (Pl.) 2 4
lieben 3 1
lieber 2 7
der **Liebling, -e** 3 VD, 1
liegen 1 18
der **Lift, -e** 5 6
die **Lösung, -en** 5 VD, 3
lustig 5 16

M

machen 1 19
mach's gut 1 23
das **Mädchen, -** 1 TR, 2
mag sein 4 TR, 3
mal (schau mal) 4 13
man 3 7
der **Manager, -** 3 TR, 3
die **Managerin, -nen** 3 TR, 3
manchmal 2 4
der **Mann, ¨er** 1 15
der **Mann, ¨er (Ehemann)** 3 19
die **Mannschaft, -en** 1 TR, 1
der **Mantel, ¨** 4 3
die **Marke, -n (Markenkleidung)** 4 TR, 1
der **Marokkaner, -** 3 16
die **Marokkanerin, -nen** 3 16
Marokko 3 6
Mathe (Sg.) 3 1
maximal 5 TR, 2
Medien (Pl.) 4 LK
das **Medikament, -e** 4 LK
Mein Name ist ... 1 1
mein/meine 1 11
meiste/n 5 LK
die **Message, -s** 1 18
der **Meter, -** 5 LK
Mexiko 3 6
die **Miete, -n** 5 6
die **Mietwohnung, -en** 5 LK
die **Mikrowelle, -n** 5 8
das **Mineralwasser (Sg.)** 4 17
die **Minibar, -s** 5 TR, 1
der **Minirock, ¨e** 4 1
die **Minute, -n** 1 16
mir 2 TR, 1
mit 1 TR, 1
der **Mitarbeiter, -** 5 TR, 1
die **Mitarbeiterin, -nen** 5 TR, 1
miteinander 2 VD, 2
mitkommen 2 1
mitnehmen 4 VD, 2
Möbel (Pl.) 4 LK
möchten 1 18
modern 3 VD, 5
modisch 4 11
mögen 1 18
der **Moment, -e** 1 TR, 3
Moment mal 4 2
der **Monat, -e** 5 6
morgen 5 1
München 2 18
die **Musik (Sg.)** 1 18
der **Musiker, -** 1 18
die **Musikerin, -nen** 1 18
der **Musikkurs, -e** 2 12
die **Musikschule, -n** 2 14
die **Mutter, ¨** 1 TR, 1

N

nach (temporal) 2 4
nach 2 9
der **Nachbar, -n** 5 1
die **Nachbarin, -nen** 5 1

der **Nachmittag, -e** 2 1
nah 5 6
die **Nähe (Sg.)** 1 18
der **Name, -n** 1 18
nämlich 4 LK
die **Nationalität, -en** 3 16
natürlich 3 5
nehmen 4 17
nein 1 1
nett 5 1
neu 1 TR, 3
neugierig 4 15
die **Neuigkeit, -en** 5 15
neun 1 7
neunzehn 1 7
neunzig 1 9
nicht 1 6
nicht mehr 5 15
nicht wahr? 3 5
nichts tun 2 LK
noch (was noch?) 2 VD, 3
null 1 7
nur 4 LK
nützlich 5 11

O

o.k. 4 TR, 2
oder 2 4
oft 2 4
die **Oma, -s** 3 1
der **Onkel, -** 3 10
online 4 LK
der **Opa, -s** 3 1
Österreich 1 1
der **Österreicher, -** 3 16
die **Österreicherin, -nen** 3 16

P

paar 4 TR, 3
der **Park, -s** 2 14
die **Party, -s** 2 12
die **Patchworkfamilie, -n** 3 VD, 1
die **Pause, -n** 1 16
perfekt 3 5
die **Person, -en** 3 4
die **Pizzeria, -en** 2 13
planen 5 15
der **Platz (Sg.) (groß genug)** 5 15
das **Polohemd, -en** 4 3
Pommes (Pl.) 4 17
die **Portion, -en** 4 17
praktisch 4 6
der **Preis, -e** 4 TR, 1
pro 5 VD, 1
das **Problem, -e** 2 18
der **Profispieler, -** 2 VD, 3
die **Profispielerin, -innen** 2 VD, 3
das **Prozent, -e** 2 LK
der **Pullover, -** 4 3
putzen 5 VD, 3

Q

der **Quadratmeter, - (m^2)** 5 1

R

Rad fahren 1 18
das **Radio, -s** 2 LK
der **Rap (Sg.)** 1 18
das **Regal, -e** 5 9
regelmäßig 1 TR, 1
das **Reihenhaus, ¨er** 5 6
das **Restaurant, -s** 4 17
das **Rezept, -e** 2 VD, 1
der **Rock, ¨e** 4 3
das **Rockkonzert, -e** 2 12
rosa 4 6
rot 4 6
ruhig 5 VD, 3

S

die **Sache, -n** 4 15
der **Safe, -s** 5 TR, 1
der **Saft, ¨e** 4 TR, 5
die **Sahne (Sg.)** 4 20
der **Salat, -e** 4 17
sauber 5 TR, 1
schauen 4 13
schicken 1 18
die **Schildkröte, -n** 3 PR
das **Schinkenbrot, -e** 4 17
schlafen 5 16
das **Schlafzimmer, -** 5 1
schlecht 1 6
schmecken 4 VD, 3
das **Schnäppchen, -** 4 TR, 1
schnell 4 TR, 3
die **(heiße) Schokolade, -n (Getränk)** 4 20
der **Schokoriegel, -** 4 TR, 5
schön 4 9
schon 3 10
der **Schrank, ¨e** 5 9
schreiben 2 TR, 1
der **Schreibtisch, -e** 5 8
die **Schule, -n** 1 18
der **Schüler, -** 1 TR, 1
die **Schülerin, -nen** 1 TR, 1
schwarz 4 6
Schweden 2 TR, 1
die **Schweiz** 1 1
der **Schweizer, -** 3 16
die **Schweizerin, -nen** 3 16
die **Schwester, -n** 1 VD, 3
das **Schwimmbad, ¨er** 2 13
schwimmen 2 AU, 2
sechs 1 7
sechzehn 1 7
sechzig 1 9
sehen 4 15
sehr 1 6
sein 1 1
sein/ihr 5 15
sein/seine 2 4
seit 5 15

der **Senf (Sg.)** 4 VD, 3
der **Service, -s** 5 TR, 1
der **Sessel, -** 5 8
shoppen 2 1
sich treffen 2 4
sich verstehen (sich gut verstehen) 3 1
sich vorstellen 1 VD, 1
Sie (Höflichkeitsform) 2 13
sie 1 18
sie (Pl.) 4 6
sieben 1 7
siebzehn 1 7
siebzig 1 9
der **Single, -s** 3 10
sitzen 2 VD, 2
das **Skelett, -e** 5 LK
Ski fahren 1 18
der **Skifahrer, -** 1 18
die **Skifahrerin, -nen** 1 18
so 1 6
so einen (riesigen) 4 VD, 3
das **Sofa, -s** 5 8
sogenannte/r 3 VD, 1
der **Sohn, ¨e** 3 10
sondern 5 10
Spanien 1 5
das **Spanisch** 3 6
der **Spanischkurs, -e** 2 12
spät 2 8
die **Speise, -n** 4 17
das **Spiel, -e** 1 8
spielen 1 18
der **Sport (Sg.)** 1 18
der **Sportlehrer, -** 1 18
die **Sportlehrerin, -nen** 1 18
sportlich 1 18
die **Sprache, -n** 3 8
das **Sprachinstitut, -e** 3 TR, 4
die **Sprachschule, -n** 2 TR, 1
sprechen 2 VD, 2
die **Stadt, ¨e** 2 TR, 1
der **Stadtrand, ¨er** 5 6
der **Stammbaum, ¨e** 3 10
stehen 5 9
die **Stehlampe, -n** 5 8
Stiefel (Pl.) 4 3
der **Stiefvater, ¨** 3 VD, 1
stimmen (das stimmt) 3 TR, 1
der **Stock, Stockwerke** 5 1
das **Stockbett, -en** 5 15
der **Streit, -s** 3 1
das **Stück, -e** 4 20
der **Student, -en** 5 6
die **Studentin, -nen** 5 6
studieren 1 TR, 4
der **Stuhl, ¨e** 5 8
suchen 1 TR, 3
Südtirol 3 1
super 2 TR, 1
der **Supermarkt, ¨e** 2 14
superschön 4 TR, 1
surfen (im Internet) 1 18
Süßkartoffel-Pommes (Pl.) 4 PR
das **Sweatshirt, -s** 4 3
sympathisch 5 3

T

Tag! 1 1
der **Tag, -e** 5 VD, 3
die **Tante, -n** 3 10
tanzen 1 TR, 1
der **Tänzer, -** 1 TR, 1
die **Tänzerin, -nen** 1 TR, 1
der **Tanzkurs, -e** 1 TR, 1
der **Tee, -s** 4 17
das **Teenies-Forum, -en** TR, 1
teilen 5 VD, 1
das **Telefon, -e** 5 TR, 2
das **Telefongespräch, -e** 5 TR, 4
telefonieren 2 LK
die **Telefonnummer, -n** 3 TR, 4
der **Tennisclub, -s** 2 13
der **Teppich, -e** 5 8
die **Terrasse, -n** 5 3
teuer 4 11
das **Ticket, -s** 4 LK
das **Tier, -e** 3 1
der **Tisch, -e** 5 9
das **Tischfußball** 2 VD, 1
das **Tischtennisturnier, -e** 2 12
die **Tochter, ¨er** 2 18
die **Toilette, -n** 5 1
toll 2 VD, 3
die **Tomate, -n** 4 TR, 3
das **Top, -s** 4 3
die **Torte, -n** 2 VD, 1
der **Tourist, -en** 4 TR, 3
die **Touristin, -nen** 4 TR, 3
tragen (Kleidung tragen) 4 TR, 1
der **Trainer, -** 2 18
die **Trainerin, -innen** 2 18
der **Traumberuf, -e** 1 18
der **Treffpunkt, -e** 2 VD, 2
treiben (Sport treiben) 2 LK
trinken 4 18
trotzdem 4 TR, 3
die **Truppe, -n** 2 VD, 3
Tschüs 1 23
das **T-Shirt, -s** 1 VD, 6
tun 2 LK
der **Türke, -n** 3 16
die **Türkei** 1 1
die **Türkin, -nen** 3 16
das **Türkisch** 3 6
typisch 5 LK

U

die **U-Bahn-Station, -en** 5 6
überall 4 TR, 3
die **Überraschung, -en** 4 TR, 3
der **Übersetzer, -** 3 TR, 1
die **Übersetzerin, -nen** 3 TR, 1
übrigens 4 2
die **Uhr, -en** 2 6
um 2 6
unbequem 4 11
und 1 1
unentschlossen 4 VD, 3
ungemütlich 5 5
ungesund 4 TR, 3
die **Uni, -s** 5 VD, 3
unpraktisch 4 11
uns 2 4
unser/unsere 5 1

unsympathisch 5 3
unten 5 16
unterrichten 2 18
Urlaub machen 3 TR, 1
der **Urlaub, -e** 3 TR, 1
die **USA (Pl.)** 3 6

V

die **Variation, -en** 4 TR, 3
der **Vater, ̈** 3 1
der **Vegetarier, -** 4 TR, 3
die **Vegetarierin, -nen** 4 TR, 3
der **Veggie Burger, -** 4 17
die **Verbindung, -en** 5 6
verheiratet 2 18
verkaufen 4 TR, 1
der **Verkäufer, -** 3 TR, 3
die **Verkäuferin, -nen** 3 TR, 3
vermieten 5 TR, 4
das **Video, -s** 5 15
das **Videogame, -s** 1 18
viel 2 TR, 1
vier 1 7
das **Viertel, -** 2 9
vierzehn 1 7
vierzig 1 9
die **Villa, -en** 5 TR, 2
der **Volleyball, ̈e** 2 1
von 1 16
von Beruf 3 19
vor 2 9
vor allem 2 TR, 1
der **Vorname, -n** 1 18

W

wann 2 10
die **Wanne, -n (Badewanne)** 5 6
was 1 16
weiß 4 6
weitersuchen 4 9
welche 2 TR, 3
die **Welt (Sg.)** 2 TR, 1
wer 1 1
werden 1 18
die **WG, -s** 5 VD, 1
wie 1 1
wie (vergleichend) 4 TR, 3
Wie geht's dir? 1 6
wie viel 2 5
wieder 5 15
willkommen 2 AU, 2
der **Winter (Sg.)** 1 18
wir 2 4
wirklich 4 TR, 1
wissen 4 VD, 3
das **W-LAN (Sg.)** 5 TR, 1
wo 1 19
die **Woche, -n** 2 TR, 1
woher 1 1
wohin 2 13
wohnen 1 16
die **Wohnfläche, -n** 5 6
das **Wohnhaus, ̈er** 5 LK
die **Wohnküche, -n** 5 6
der **Wohnort, -e** 1 18
die **Wohnung, -en** 3 4
das **Wohnzimmer, -** 5 1
wollen 5 12
das **Wörterbuch, ̈er** 3 VD, 1
die **Wurstbude, -n** 4 VD, 1

Z

die **Zahl, -en** 1 7
zahlen 4 VD, 4
zehn 1 7
zeigen 2 VD, 1
die **Zeitung, -en** 2 LK
das **Zentrum, Zentren (Stadtzentrum)** 5 1
ziemlich 2 VD, 4
das **Zimmer, -** 5 1
der **Zitronen-Eistee, -s** 4 PR
zu 4 TR, 3
zu Hause 3 4
zu Mittag essen 2 13
der **Zucker (Sg.)** 4 TR, 3
zur 2 11
zurück 4 VD, 3
zusammen 2 4
zuständig 5 VD, 3
zwanzig 1 7
zwar 5 15
zwei 1 7
zweimal 2 TR, 1
zweisprachig 3 5
der **Zwillingsbruder, ̈er** 3 TR, 2
zwölf 1 7

Quellenverzeichnis

Cover: Junge © Getty Images/E+/SDI Productions, Mädchen © Getty Images/E+/SolStock, Asiatin © Getty Images/E+/Juanmonino, Hintergründe: Buchstabe T © Getty Images/E+/Generistock, Buchstabe E © Getty Images/iStock/Alex, Buchstabe A © Getty Images/iStock/Julio Ricco, Buchstabe M © Getty Images/iStock/Sami Sert

Umschlagkarte: Kartografie-Service: © www.landkarten-erstellung.de HF/AB

Wegweiser, Inhalt: s. die jeweiligen Seiten

S. 9: Flaggen © noche - stock.adobe.com, Philippe Coutinho © Alamy Stock Foto/MB Media Solutions, Saoirse Ronan © Alamy Stock Foto/ PA Images, Ed Sheeran © Alamy Stock Foto/Adriana Spaca, Englandflagge © Thinkstock/iStock/khvost

S. 11: oben © Getty Images/E+/vgajic, Pikto Telefon © Getty Images/DigitalVision Vectors/-VICTOR-

S. 12: Übung 15, Portraits von links © Shutterstock.com/Krakenimages.com, © Shutterstock.com/WAYHOME studio, © Shutterstock.com/mimagephotography, © Shutterstock.com/Rido, © Shutterstock.com/mimagephotography, © Shutterstock.com/Merla, unten © Getty Images/E+/alvarez

S. 15: Karte © Digital Wisdom

S. 16: Radfahrerin © fotolia/Gregg Dunnett

S. 18: Deutschland und Türkei © skd - stock.adobe.com

S. 19: Markus © Getty Images/E+/mixetto, Tabea © Getty Images/E+/LordHenriVoton, Robert © Shutterstock.com/Roman Samborskyi

S. 22: Übung 1, 1 bis 10 © Shutterstock.com/Monkey Business Images, © Shutterstock.com/CandyBox Images, © Shutterstock.com/AboutLife, © Shutterstock.com/Maksim Shmeljov, © Shutterstock.com/REDPIXEL.PL, © moodboard - stock.adobe.com, © Shutterstock.com/fizkes, © Shutterstock.com/New Africa, © Shutterstock.com/Photo_Pix, © Shutterstock.com/Africa Studio

S. 24: © Shutterstock.com/Monkey Business Images

S. 25: Mann schaut auf die Uhr © Shutterstock.com/Krakenimages.com

S. 26: 1 bis 4 © weyo - stock.adobe.com, © Thinkstock/iStock/Editorial12, © Mr. Music - stock.adobe.com, © Thinkstock/iStock/Vladimir Gorsky

S. 27: 1 bis 10 © Getty Images/E+/sturti, © Thinkstock/Wavebreakmedia Ltd, © soleg - stock.adobe.com, © Kzenon - stock.adobe.com, © www.push2hit.de - stock.adobe.com, © .shock - stock.adobe.com, © Getty Images/iStock/Natalia Sterleva, © Pixel-Shot - stock.adobe.com, © CMP - stock.adobe.com, © Thinkstock/Stockbyte/Ciaran Griffin, Foto Mitte © Getty Images/E+/kali9

S. 30: Gruppe © Syda Productions - stock.adobe.com, Frau liest Buch © Shutterstock.com/Maksim Shmeljov

S. 31: von links © Thinkstock/Stockbyte/Ciaran Griffin, © Getty Images/iStock/Natalia Sterleva, © Kzenon - stock.adobe.com

S. 32: Karte © Digital Wisdom, Park © soleg - stock.adobe.com

S. 33: Portraits von oben © Getty Images/E+/CiydemImages, © Getty Images/E+/Stígur Már Karlsson /Heimsmyndir, © Getty Images/iStock/Valeriy_G, © Getty Images/E+/FG Trade, Piktogramme © Set Line Vector Icon - stock.adobe.com

S. 34: Schwimmbad © Getty Images/iStock/Natalia Sterleva, Tennisclub © .shock - stock.adobe.com, Schule © Getty Images/E+/martinedoucet, Kino © Pixel-Shot - stock.adobe.com, Konzert © Africa Studio - stock.adobe.com, Disco © iStock/dwphotos

S. 36: Bild 3 © Shutterstock.com/Syda Productions, Haus © fotolia/bernanamoglu

S. 37: Tierillustrationen © Getty Images/iStock/vectorikart, Schildkröte © Getty Images/iStock/Skathi

S. 38: Portraits von links © Shutterstock.com/Ranta Images, © Shutterstock.com/Minerva Studio, © Shutterstock.com/baranq, © Shutterstock.com/Syda Productions, © Getty Images/E+/pixelfit, © Shutterstock.com/goodluz, © Shutterstock.com/WAYHOME studio, © Shutterstock.com/Daniel M Ernst

S. 39: Hans © Shutterstock.com/Syda Productions, Pauline © Shutterstock.com/Syda Productions, Beate © Getty Images/Westend61, Thomas © Getty Images/The Image Bank/John Rensten, Petra © Getty Images/Westende61, Lena © Getty Images/iStock/Damir Khabirov

S. 40: Reihe oben von links © Alamy Stock Foto/IanDagnall Computing, © Alamy Stock Foto/Pictorial Press Ltd, © Alamy Stock Foto/Allstar Picture Library Ltd, © Alamy Stock Foto/ SilverScreen, © Alamy Stock Foto/Heritage Image Partnership Ltd

S. 41: Familie © Getty Images/iStock/Massonstock, Architektin © Thinkstock/iStock/SolisImages, Lehrer © Getty Images/iStock/monkeybusinessimages, Ärztin © iStock/Yuri, Kellnerin © Thinkstock/iStock/goldenKB, Ingenieur © iStock/M_a_y_a, Friseur © Getty Images/E+/M_a_y_a

S. 44: Hase © iStock/GlobalP, Junge mit Kaninchen © Getty Images/E+/FangXiaNuo

S. 45: Friseur © Getty Images/E+/M_a_y_a, Friseurin © Thinkstock/iStock/leaf

S. 46: Familie © Getty Images/E+/aldomurillo, Zwillinge © New Africa - stock.adobe.com

S. 47: Familie © Getty Images/E+/Aldo Murillo, Frankfurt © Getty Images/iStock/f11photo

S. 50: T-Shirt © Thinkstock/iStock/ekremguduk, Minirock © Getty Images/iStock/xtrekx, Einkaufszentrum © Getty Images/E+/ivo Gretener

S. 51: 1 bis 15 © Shutterstock.com/Vlad Teodor, © Shutterstock.com/airdone, © Shutterstock.com/robert_s, © Getty Images/iStock/bonetta, © Shutterstock.com/everytime, © Getty Images/iStock/Tarzhanova, © Shutterstock.com/Ionov Artem, © Shutterstock.com/Tarzhanova,

© Shutterstock.com/Dzha33, © Shutterstock.com/Karkas, © Shutterstock.com/Tarzhanova, © Shutterstock.com/Tarzhanova, © Shutterstock.com/Iasha, © Getty Images/iStock/www.kkulikov.com, © Thinkstock/iStock/talevr, Jacke rot © Getty Images/iStock/bonetta, Polohemd rosa © Getty Images/iStock/EHStock, Pullover orange © Getty Images/iStock/bonetta, Hose blau © Getty Images/iStock/rsndetre

S. 53: 1 bis 7 © Getty Images/bonetta, © Shutterstock.com/ShutterOK, © Shutterstock.com/eNjoy iStyle, © Shutterstock.com/elenovsky, © Shutterstock.com/Mikhail Turov, © Shutterstock.com/DenisProduction.com, © Shutterstock.com/Vlad Teodor, Foto unten © Getty Images/iStock/Milenko Bokan, Piktogramme rechts © Set Line Vector Icon - stock.adobe.com

S. 54: Illustration Burger © Gstudio - stock.adobe.com, Essen von links © Daniel Fleck - stock.adobe.com, © iStock/Michael Valdez, © ExQuisine - stock.adobe.com, © tobi/123rf.com, © Getty Images/iStock/Quanthem

S. 55: Illustration Kaffeebohnen © olegphotor - stock.adobe.com, Getränke von links © Getty Images/iStock/Timmary, © Getty Images/iStock/gresei, © Elenathewise - stock.adobe.com, © fotolia/womue, © fotolia/Stocksnapper, © Thinkstock/iStock/Dmitry Pistrov

S. 56: Paar © Roger Richter/Westend61 - stock.adobe.com, Hand © Getty Images/iStock/Manuel-F-O

S. 60: Kleid ©Shutterstock.com/Vlad Teodor, Jeans © Shutterstock.com/elenovsky, Buch © by-studio - stock.adobe.com, Bücher © PhotoS. - stock.adobe.com

S. 61: 1 bis 3 © NesolenayaAleksandra - stock.adobe.com, © Getty Images/iStock/mawielobob, © runrun2 - stock.adobe.com

S. 62: Portraits von oben © Shutterstock.com/Rido, © Shutterstock.com/El Nariz, © Shutterstock.com/Antonio Guillem, © Shutterstock.com/Monkey Business Images, © Shutterstock.com/Rawpixel.com, Piktogramme © Set Line Vector Icon - stock.adobe.com

S. 65: Übung 5, Reihe oben © Shutterstock.com/Breadmaker, © Shutterstock.com/Gaf_Lila, © Thinkstock/iStock/Jun Zhang, © Shutterstock.com/New Africa, Reihe unten © Shutterstock.com/Palatinate Stock, © Shutterstock.com/BONNINSTUDIO, © Getty Images/iStock/wepix, © Shutterstock.com/fotocraft

S. 66: A bis D © Shutterstock.com/Atiketta Sangasaeng, © Shutterstock.com/korisbo, © Shutterstock.com/Imagenet, © Shutterstock.com/Cinematographer

S. 67: Grundriss © Getty Images/iStock/Ekaterina Litvinova, 1 bis 15 © Shutterstock.com/HappyAprilBoy, © Thinkstock/Hemera/Simon Krzic, © Thinkstock/PhotoObjects.net/Hemera Technologies, © Shutterstock.com/Sashkin, © Shutterstock.com/Alexander Tolstykh, © Shutterstock.com/Bennyartist, © Thinkstock/iStock/scanrail, © Getty Images/iStock/ARTYuSTUDIO, © Thinkstock/Hemera/Igor Terekhov, © Getty Images/iStock/Aromon, © Thinkstock/iStockphoto, © fotolia/bramgino, © iStockphoto/YangYin, © Shutterstock.com/Bamidor, © Shutterstock.com/MrGarry

S. 68: Paar am Tisch © Getty Images/E+/andresr

S. 69: Sofa © Shutterstock.com/Bennyartist, Häuser 1 bis 5 © Shutterstock.com/FooTToo, © Shutterstock.com/Grand Warszawski, © Shutterstock.com/LesPalenik, © Thinkstock/iStock/LianeM, © Shutterstock.com/travelview

S. 70: © Getty Images/iStock/monkeybusinessimages

S. 73: Küche © Getty Images/iStock/Sergii Vorobiov, Hand mit Smartphone © Shutterstock.com/andersphoto, Illustration Wohnzimmer © Getty Images/iStock/Aluna1

S. 74: Sofa © Shutterstock.com/Bennyartist

S. 75: Tisch © Thinkstock/Hemera/Simon Krzic, Küche © Thinkstock/iStock/Jun Zhang, Mädchen © Getty Images/iStock/monkeybusinessimages

S. 76: Sessel © Shutterstock.com/Alexander Tolstykh, Wohnzimmer © shutterstock.com/Breadmaker, Schlafzimmer © Shutterstock.com/Gaf_Lila, Stuhl © iStockphoto/YangYin, Bücher © PhotoS. - stock.adobe.com, Regal © Getty Images/e+/ozenli, Bücherregal © fotolia/bramgino

S. 77: alle Portraits © Shutterstock.com/Flamingo Images, Foto unten © Shutterstock.com/Fabio Balbi

S. 78: Frau © Getty Images/E+/GlobalStock, Mann © Shutterstock.com/PanicAttack

Alle nicht genannten Fotos von Loescher Editore, Torino

Produktionsfotos: Sabine Felber, Berlin

Bildredaktion: Cornelia Hellenschmidt, Hueber Verlag, München

Inhalt der Audios: © Orignal Work: „Linear" by Giorgio Motta, Published by Loescher Editore, 2020 All rights reserved.
© International Edition: 2023 Hueber Verlag GmbH & Co. KG, München, Deutschland - Alle Urheber- und Leistungsschutzrechte vorbehalten.

Sprecherinnen und Sprecher: Robert Braun, Jele Flügge, Sabine König, Michael Krueger, Kristin Perndl, Christian Pfadenhauer, Dirk Ploenissen, Irina Roknic, Manuel Scheuernstuhl, Katharina Von Daake, Léa Wegmann, Katharina Weyland, Nils Weyland, Lara Wurmer

Produktion: Networks srl, 20154 Mailand, Italien und Atrium Studio Medienproduktion GmbH, München, Deutschland

Inhalt der Videos: © Orignal Work: „Linear" by Giorgio Motta, Published by Loescher Editore, 2020 All rights reserved.
© International Edition: 2023 Hueber Verlag GmbH & Co. KG, München, Deutschland - Alle Urheber- und Leistungsschutzrechte vorbehalten.

Produktion: Literaturtest GmbH & Co. KG, Berlin Deutschland und Zenit Arti Audiovisive, Turin, Italien

Schauspielerinnen und Schauspieler: Marcel Chelard, Dr. med. Timo Czech, Lisa Haase, Anna Kätzow, Tizian Kracht, Leonie Lagemann, Nuschin Mechkat, Daniel Mele, Leon Meschke, George Nickels, Richard Marius Schlegelmilch, Maria-Nivara Soriano y Kirsch, Paula Lotta Symanowski, Christa Thaler, Rubini Zöllner

Notizen